读国学伴你智勇双全

青少年智谋防骗36计（上）

李澍晔 刘燕华 著

中国经济出版社
CHINA ECONOMIC PUBLISHING HOUSE

图书在版编目（CIP）数据

青少年智谋防骗 36 计：上、中、下 / 李澍晔，刘燕华著 . -- 北京：中国经济出版社，2023.3

ISBN 978-7-5136-7212-2

Ⅰ . ①青… Ⅱ . ①李… ②刘… Ⅲ . ①诈骗 – 鉴别 – 中国 – 青少年读物 Ⅳ . ① D669.8-49

中国国家版本馆 CIP 数据核字（2023）第 017792 号

责任编辑　陈　瑞
责任印制　马小宾
封面设计　宸唐工作室
插图作者　邹丽丽

出版发行　中国经济出版社
印 刷 者　三河市天功达印刷有限公司
经 销 者　各地新华书店
开　　本　710mm × 1000mm　1/16
印　　张　23.75
字　　数　284 千字
版　　次　2023 年 3 月第 1 版
印　　次　2023 年 3 月第 1 次
定　　价　150.00 元
广告经营许可证　京西工商广字第 8179 号

中国经济出版社　**网址** www.economyph.com　**社址** 北京市东城区安定门外大街 58 号　**邮编** 100011
本版图书如存在印装质量问题，请与本社销售中心联系调换（联系电话：010-57512564）

前言

《三十六计》是根据中国古代军事思想和丰富的斗争经验总结而成的兵书，是中华民族历史悠久的非物质文化遗产之一。《三十六计》又叫《三十六策》，成书于明清时期，是被人们誉为“益智之荟萃，谋略之大成”的奇书。①

近年来，针对少年儿童的诈骗案件时有发生，青少年上当受骗的原因主要有年龄小、思想单纯、防范意识薄弱、贪慕虚荣、遇事不够冷静、交友轻率等。我们希望借此书教会孩子自我保护，提高心理素质，以适应纷繁复杂、竞争激烈的社会环境，使涉世未深的少年儿童做到遇事不惊、

---

① 参阅了《三十六计新编》，战士出版社出版（1984 年 1 月更名为解放军出版社），1981 年 8 月第 1 版。

参阅了《孙子校释》，军事科学出版社出版，1991 年 6 月。

处事不乱，保持清醒的头脑，确保自己的人身和财产安全。

为了进一步传承和弘扬中华传统文化，增强少年儿童的防骗、防拐意识，笔者特将生活中的案例和《三十六计》中的谋略相融合，设计了防骗解析、学习目的、模拟情景剧、分析导引、判断结论、脑洞大开等智慧版块，运用《三十六计》里的逻辑推理、逆向思维等韬略，启发、引导少年儿童改变原有的思维模式，识破骗子的"坑""蒙""拐""骗""诈"等诡计，逐步学会并善于冷静思考，在细微处发现破绽，从而采取及时的行动和正确的处置方式，避免上当受骗。

笔者在行文中，并没有从军事角度解释《三十六计》中的每一计，而是将青少年防骗时可以利用的点引申，详细解说，以便孩子们练就防诈骗、反诈骗的自我保护心理，提高防范意识，在今后的学习和生活中擦亮眼睛，做到"害人之心不可有，防人之心不可无"。

所有的爸爸妈妈都希望自己的孩子能健康快乐、无忧无虑地成长，可当孩子遇到突发事件时，他们该怎么应对、

怎么处理？我们无法保证时刻陪伴在孩子身边，那就得培养他们自我保护的能力。阅读这套智慧的《青少年智谋防骗 36 计》图书就是一个很好的选择。

此书应在家长的指导下阅读，正确理解文中所建议的方法。千万不能断章取义，应认真把每个案例读完，才能找出最合适的应对方法。

李澍晔　刘燕华

于北京郊区老房子

2022 年 6 月 16 日

写给家长与孩子们的话

——《三十六计》的那些事

当您翻开《三十六计》时，仿佛走进了斗智斗勇的战场，看似平静如水、万里无云，实则暗流涌动、风起云涌。现在全社会提倡“读书好、好读书、读好书”，在阅读中增长知识，提高自己的素质，因此，希望读者在读《三十六计》时，注意以下六个方面的问题，真正悟出《三十六计》的内涵与真谛。

第一，要知道它是一本什么内容的书。《三十六计》是一本专门讲军事谋略的兵书，拿起此书时，你仿佛走进了一幅宏大、惊心动魄的历史画卷之中。每计所含内容多属古代兵家诡异秘术，可以说它是集兵家之诡道、融谋略之精华的“海洋”，处处充满着“诡秘”二字。

第二，全书是如何划分的呢？全书分六套，即胜战计、敌战计、攻战计、混战计、并战计、败战计。每套计又各分为六计，共三十六计。每一计都有无数战争画面显现出来，只要你细心，就会看见躲在黑暗中的“眼睛”……

第三，《三十六计》有什么特点呢？其内容简单却透露着复杂，复杂中蕴含着简单。每一计基本上都用人们熟知的成语来命名，耳熟能详，朗朗上口，便于记忆，易于理解。

第四，仔细阅读《三十六计》原文，读者会慢慢发现三十六计与《易经》有着密切的关系，分析其中的任何一计，多数解释用语都是选用《易经》中的词语，而《易经》本是殷周时代一部占卜吉凶祸福的筮书。它以矛盾对立的阴阳两性组成八卦，即乾、坤、震、巽、坎、离、艮、兑八种类型，分别象征天、地、雷、风、水、火、山、泽八种构成宇宙的基本物质；以八卦相互重叠组合，即为六十四个别卦，并推出三百八十四爻。就是说读懂了《三十六计》，也就顺便学习了《易经》的部分知识。但是透过现象与形式，从《易经》中卦辞和爻辞对吉凶的推理解释，可以看出朴素的唯物论和辩证法的思想。在生死攸关的军事斗争中，《易经》对于战争这一社会现象已有初步的认识。据说我国古代著名的军事家、谋略家，如姜子牙、孙武、孙膑、李斯、张良、韩信、诸葛亮、曹操等，都是精通《易经》的大智者，并用于军事，运筹于帷幄之中，决胜于千里之外。

第五，《三十六计》是一部流传甚广的军事哲学奇书战策，里面蕴含着朴素的、奥妙无穷的军事辩证法。《三十六计》借用《易经》中的阴阳变理、数术计算，推演成兵法的刚柔、奇正、攻防、你我、虚实、主客、劳逸、内外等对立关系的互相转化，每一计都隐含着天地万物的变化规律，遵循天时、地利与人和的朴素道理，如果能去其糟粕、取其精华，领悟其中的奥秘，会使人如醍醐灌顶，智慧的种子就会在心中扎根、开花、结果。

第六，家长与同学们要辩证地学习《三十六计》，抛弃一些糟粕，吸收其精华。事实上，古人讲三十六计，并不是

说军事计谋只有三十六个，战争史上对军事计谋的运用千奇百怪，不胜枚举。

尊敬的家长与同学们，学习了《三十六计》，有了无数计谋之后，千万不能利用《三十六计》干坏事，要利用《三十六计》保护自己、保护亲人、保护同学。

目录

Contents

第一计 瞒天过海 先稳后捉

备周则意怠，常见则不疑。阴在阳之内，不在阳之对。太阳，太阴。[1]

① 本书所引用的三十六计内容参考战士出版社（1984 年 1 月更名为解放军出版社）1981 年 8 月出版的《三十六计新编》。

防骗解析

越是常见的事，越不容易引起怀疑；越是常见的人，越容易使人麻痹，放松警惕。计谋隐蔽在平常事之中，司空见惯的事情中可能蕴藏着非常隐秘的目的。

学习目的

聪明、智慧的学生，平时如果能够较好地利用这个道理，遇到一些突发的诈骗事件时，思路就会清晰，始终保持镇定，智慧的火花会迅速闪现出来，能快速地“谋”出防骗“高招”，保护好自己。

因此，学生平时应该多学习《三十六计》里的谋略知识，掌握更多的应变技能，在现实生活中，一旦遇到狡猾的行骗之人，就能灵活运用古代计谋，思考出实用的“瞒”的高招，度过危险，确保平安。

模拟情景剧

学生张军是个善于思考的孩子，平时他最爱看的就是警察叔叔抓坏蛋的节目，平日里他的“鬼点子”特别多。一天下午，爸爸和妈妈上班了，只有他一个人在家写作业，突然听到有人敲他家的防盗门（他家住在三楼），热情好客的张军赶忙起身打开房门，隔着防盗门仔细地打量来人。来者是个20来岁的男子，头发长长的，穿着一身干净的牛仔服，手中拎着一个公

文包，他的脸和手都很干净。

青年人带着浓重的外地口音说：“小朋友，你的爸爸和妈妈在家吗？”

张军回答说：“不在。您有事吗？”

青年人说：“小朋友，我是煤气公司的管道检查员，听说你们这一带住宅楼里管道漏气，所以挨家挨户来检查。你快打开防盗门，我要检查一下。”

张军听完青年人的话，并没有马上去开门，他想：听老师和爸爸妈妈讲过，现在入室盗窃的案件很多，这个人的外地口音这么重，爸爸妈妈又不在家，我得小心一点儿。

于是，张军问："你们公司的电话号码是多少呀？以后我家的煤气管道真的有了故障，我可以向你们报修。"

青年人吃了一惊，表情不自然地说："不……不知道，我们这些干活的人平日里不打公司电话。"

张军说："你的工作证呢？ 拿出来让我看看，好吗？"

青年人面露难色地说："我忘带了。你不相信我吗？"

张军不露声色地说："相信，楼下检查了吗？张大妈家（其实楼下住的是王大爷，根本就没有张大妈）漏气吗？张大妈是个爱忘事的人，你要好好地帮她检查检查。"

青年人说："检查了，张大妈家不漏。"

张军通过简单的问话，心中已经有了谋算，便开动脑筋思考起来。

分析导引

A 检查煤气管道的师傅，一般要穿工作服，拎工具袋子。他没有穿工作服，也没有拎工具袋子，而是穿着一身牛仔服、拎着一个公文包，说明他不是维修师傅。

B 既然是挨家挨户检查，说明他已经检查了许多家，这样他的双手和脸应该是脏的，或是有汗渍的。可是现在他的双手却是干干净净的，脸上一点儿汗渍也没有，这进一步说明他不是维修师傅。

C 楼下住的是王大爷，根本就没有张大妈，说明他根本就没有去楼下。

D 一个煤气公司的维修工人，连公司的电话号码都不知道，说明他是冒充的。

E 维修工上门检查时，一般要带工作证，可是这个青年人却说没有带，说明他有问题。

经过以上分析，张军得出了一个结论：来者是坏人。

脑洞大开

——选择的对策

第一，不开防盗门，迅速把第二道门也关上，不让青年人进门。

第二，不开防盗门，大喊大叫："你是坏人，抓盗贼呀……"吓走盗贼了事。

第三，打开门，冲出去勇敢地抓盗贼。这个方法不可取。

第四，给爸爸妈妈打电话，让爸爸妈妈马上回来抓坏人。

第五，打110，并设法拖住"维修工"，为警察赢得宝贵的时间，把坏人抓住。

同学们，假如你是张军小同学的话，在当时特殊的环境下，上述五个对策，你会选择哪一个呢？

用计对比

——优劣解读

假如你选择了第一个对策，有利的方面是：当时自己的人身安全有了保证，较好地保护了自己。不利的方面是：盗贼从容脱身而去，可能会给社会、给其他家庭，或是给自己的家庭带来安全隐患。

假如你选择了第二个对策，有利的方面是：当时自己的人身安全有了保证，邻居们听到（也可能听不到）喊声后，可能会跑出来抓盗贼。不利的方面是：盗贼受到惊吓，会拼命地设法脱身，可能会使邻居受到伤害，盗贼逃跑，潜在的危险依然存在。

假如你选择了第三个对策，这正是盗贼所希望的。他可能会趁你开门的时候迅速进门，甚至会采用凶残的手段对付你，而你的体力根本不能够与之对抗，后果不堪设想。这个方法不可取。

假如你选择了第四个对策，有利的方面是：当时自己的人身安全有了保证，爸爸妈妈迅速地了解了家中可能要发生的情况，并设法及时赶回来处理情况。不利的方面是：因为时间相对太长，盗贼会找个理由逃跑，隐患还是消除不了。

假如你选择了第五个对策，自己的安全有了保证，自我保护意识强，警察叔叔接到报案后会迅速赶到现场处理。只要拖延时间的方法正确，盗贼脱身的可能性就不大。盗贼被抓住后，潜在的危险也会彻底消失。

同学们，在当时的特殊环境下，你会选择哪个对策呢？下面我们看看张军同学的选择和处置方法。

用计锦囊

巧妙利用《三十六计》里的“瞒天过海”之计，设法在“瞒”上下功夫，稳住他、抓住他，让自己平安过“海”，以防盗贼再去骗人，再去做坏事。

演示用计过程

在保证自身安全的前提下，为了抓住盗贼，张军笑脸相迎，说：“叔叔，我家的煤气管道可能真的漏气，每天妈妈一做饭，我就能闻到一股煤气味，呛死人了。您帮我家好好检查检查，我进屋去拿钥匙，您稍微等一等。”

说完，张军飞快地进了爸爸、妈妈的卧室，轻轻地拨通了爸爸的手机，并拨打了附近派出所的电话，而后拿出一大把钥匙，装作开门。他试一把钥匙，开不开；又试一把，还是开不开……

青年人见开不开锁，急得来回转。张军假装安慰说：“叔叔别着急，马上就开开……”

几分钟之后，派出所的警察叔叔突然出现在这个青年人面前并抓住了他。经过审问，原来这个青年人是打着维修煤气管道的幌子，进行入室抢劫的惯犯，没有想到这次却栽在一位小学生的手中。

后来，张军同学机智抓住盗贼的事情被同学们知道了，同学们也都变得爱分析问题了。

学生一个人在家时，可能会遇到各种各样的陌生人来访的情况，无论什么理由，只要不熟悉，就不能轻易打开防盗门——甚至对熟悉的人也要警惕。无论陌生人怎么着急，怎么编造美丽的谎言，怎么精彩地表演，都不能被迷惑。要善于从细微的地方分析问题。只有警钟长鸣，才能永保平安。要及时跟爸爸妈妈联系，征求他们的意见。

家里要有一些常用的电话号码，比如：物业电话、社区工作人员电话、片区民警电话等。

写一写，画一画

你增长智慧了吗？

请开动脑筋，图文结合，画出一幅生活中鲜活的防骗漫画。

第二计 围魏救赵 胸有成竹

共敌不如分敌，敌阳不如敌阴。

防骗解析

此计强调攻其所必救，歼其所救者；攻其所必退，歼其退者，以达到趋利避害、机动歼敌的目的。

有时候，想得到的东西，越是竭尽全力直接去拿，越是不能得到，因为对手的注意力也集中于此。相反，拐个弯，迂回一下，把对手的注意力分散开来，趁其出现思维空当，对其薄弱环节发动攻击，兴许就会收到意想不到的效果。

学习目的

在复杂的社会中，学生如果知道《三十六计》中的此计，了解“围”与“救”的曲与直、集中与分散的辩证关系，在处于弱势时，在面对“强攻”与“智取”的问题上，在摆脱危险的关键时刻，就可以不露声色地将其运用得恰到好处，安全解困，使自己由被动转为主动。

目前，有些学生不爱学习古代谋略知识，更不知道《三十六计》中的“围魏救赵”之计是多么高深、蕴含的智谋精髓有多么玄妙。遇到突然出现在眼前的“骗”术，如果头脑简单，只靠一个“勇”字，就容易吃亏上当，甚至落入骗子挖好的陷阱里。

小文今天放学早，由于没有作业，就到家附近的一个公园里玩跳绳。跳了一会儿，累得满头大汗，渴得实在难受。正想去附近的小卖部买饮料，突然，从路边的一辆面包车上下来一个穿着入时、背着一个漂亮挎包的阿姨。阿姨微笑着走近小文，热情地说："小朋友，你在哪个学校上学呀？阿姨是教育工作者，正在对小学生搞社会调查呢。你是不是渴了？来！阿姨这儿有冰镇的饮料，给你喝一罐，咱们聊一聊。"

小文没有马上应答，站在那儿打量着阿姨，发现阿姨指甲上涂抹了红色的指甲油，戴着耳坠与项链。阿姨笑眯眯地从包里拿出饮料，递到小文面前。

小文实在渴得难受，见到饮料，刚要伸手，突然想起了妈妈嘱咐过自己的一句话——“不能轻易吃陌生人送的东西”，于是赶紧把手缩了回来。

“汪汪，汪汪汪……”一阵小狗的叫声传来，前面小树林的交叉口，一位老爷爷牵着一只小狗走了过来。

小文瞥了小狗一眼，顿时有了主意。

分析导引

A 教育工作者一般不会涂抹指甲油，工作期间也很少戴项链和耳坠。这个阿姨涂抹红色的指甲油，还戴项链和耳坠，值得怀疑。

B 教育工作者搞社会调查，最应该到学校去，怎么正好在这儿等我呀？还准备了饮料，饮料是不是有什么问题？我以前在电视上看到过新闻，说有的犯罪分子在饮料中放了药，专门害人、拐卖人……

判断结论

经过以上分析，小文得出了一个结论：这个阿姨不一定是搞社会调查的人，可能是人贩子，也可能有更险恶的目的。

——选择的对策

第一，后退几步，保持距离，不接受饮料，说爸爸妈妈找自己，迅速离开。

第二，后退几步，保持距离，不接受饮料，说自己有钱，自己去买，而后扭头故意逗狗，跑到狗身边，与狗亲近，同时请老爷爷也接受调查，自己安全脱身后，迅速把可疑的情况报告警察叔叔。

第三，后退几步，保持距离，不接受饮料，迅速脱身后把可疑的情况告诉爸爸妈妈或者学校的老师。

第四，不接受饮料，大声呼喊："抓坏人呀！抓人贩子呀……"

上述四个对策，同学们，假如你是小文同学，你会选择哪一个呢？

——优劣解读

假如你选择了第一个对策，有利的方面是：当时自己的安全有了保证。不利的方面是：人贩子会继续去骗其他人，社会安全存在着隐患。

假如你选择了第二个对策，自己的安全有了保证，老爷爷“围”住了调查人员，争取了时间，警察叔叔接到报案后，一定会迅速赶到现场调查处理，只有坏人被抓住，潜在的危险才会真正消除。

假如你选择了第三个对策，有利的方面是：当时自己的安全有了保证。不利的方面是：爸爸妈妈如果当时不在家，或者老师也不在学校，会延误时机；即便他们都在，因为不能及时赶到，也会延误时机，人贩子可能会跑掉，潜在的危险依然存在。

假如你选择了第四个对策，坏人会受到惊吓，如果吓跑了，还算安全；但是，如果坏人看到身边没有其他人，可能会采用暴力的手段对付你，因为路边的车上可能还有她的同伙，而你的体力根本不足以与之对抗，后果不堪设想。

同学们，在当时特殊的情况下，你会选择哪个对策呢？下面我们看看小文的选择。

用计锦囊

巧妙利用《三十六计》里的“围魏救赵”之计，先在“围”上做文章，而后把自己“救”出来，保证自己安全脱离险境，并迅速报警，让警察叔叔抓住坏人，彻底消除隐患。

演示用计过程

为了能够顺利脱险，确保人身安全，小文微笑着说：“谢谢阿姨。我喜欢的小狗狗来了，遛狗的爷爷家有个孙子正在上小学，你问爷爷吧。爷爷、爷爷，这儿有一位老师要调查你孙子的学习情况。你来吧，来吧……”说着，小文转身跑向老爷爷，并亲密地逗小狗狗。

“什么？调查我孙子的学习情况？好嘞！老师，我孙子学习不错，不错……”老爷爷边说边走向阿姨。阿姨被老爷爷“围”住了，一时无法脱身了。

阿姨被意外出现的老爷爷缠住了，只好装模作样地询问情况。

趁这工夫，小文飞快地跑出了小树林的交叉口，来到人多的地方，恰好遇到一辆警车。她马上拦住警车，向警察报告了情况。

警察迅速穿过小树林，赶到现场。

阿姨一见警察，吓得赶紧往面包车的方向跑，但是被警察拦住了，只好接受询问与调查。随后，在查验完“阿姨”的身份证后，警察就把她带走了，原来她是被通缉的犯罪人员。

在外面遇到陌生人给你吃什么、喝什么，千万不能要；应该时刻提高警惕，遇到异常情况要仔细分析，善于透过现象看本质。要与陌生人保持一定的距离，确保遇到危险能够安全、及时脱身，要及时请路人帮忙，及时向保安、警察求救。头脑要保持清醒，不要贪嘴。小朋友尽量不要单独去偏僻的地方活动。

写一写，画一画

你增长智慧了吗？

请开动脑筋，图文结合，画出一幅生活中鲜活的防骗漫画。

第三计 借刀杀人 心中有数

敌已明，友未定，引友杀敌，不自出力，以《损》推演。

防骗解析

在实力上不如对手时，要善于把“第三者”的力量激发出来，诱导“第三者”积极地为自己服务，使自己不费什么劲儿，就能轻而易举地获得较大的利益，变被动为主动。

学习目的

学习了《三十六计》的学生，在运用“借刀杀人”之计解决遇到的问题时，能够巧妙地隐藏自己的真实意图，在努力创造出各种合理的假象之后，自然地利用自然界出现的“第三者”——“刀”，并能恰到好处地借助“刀”的力量，制造出“杀”机，使对手不敢轻易“下黑手”，取得主动权，而后轻松自然地达到保护自身安全的目的。

现实生活中，“刀”会经常出现，也就是说保护学生的“刀”时时有、处处在，而且出现的形式各种各样、五花八门，有短时间出现的，有规律性出现的，有突然出现的，有长期存在的。

如果你平时喜欢读兵书战策，又是一位熟知《三十六计》的学生，不仅会很快发现“刀”，而且能很好地利用“刀”为自己服务。相反，如果你不懂《三十六计》中的“借刀杀人”之谋略的精髓要义，不但很难发现“刀”，就是碰巧发现了，也不一定能够运用好，甚至会被“刀”伤着。

模拟情景剧

暑假的一天，小玲与小香在社区的“小公园”中玩跳绳，两个人比赛，玩得很认真。

过了一会儿，两个踢足球的大男孩一边嘀咕着一边向小玲与小香这边走来。

两个大男孩流里流气地嬉笑着说：“小妹妹跳得好酷呀！我们一起玩一个刺激的游戏好吗？”

小玲与小香没有搭理这两个搭讪的大男孩，而是继续跳绳。

两个大男孩不甘心，拍着胸脯说：“小妹妹，我们一起玩一会儿吧！待会儿我们请你俩吃雪糕、喝可乐、撸烤串，怎么样呀？”

小玲眨眨眼，说：“玩什么呀？”

一个大男孩诡异地说："嗨！刺激的呗。咱们到前面的假山上，玩警察抓小偷的游戏，抓住谁了，就把谁绑上。"说着，他拉扯着小玲与小香朝前面的小山走。

聪明机智的小玲与小香交换了一下眼色，两个人心里有了谋算。其实，小玲与小香想起了学校的安全教育课：遇到不认识的男性，千万不要搭理他们，并要尽快离开。

分析导引

A 两个大男孩主动过来夸赞我们跳得酷，其实就是在讨好我们，想赢得我们的信任，有可能是在打歪主意。

B 待会儿请我们吃雪糕、喝可乐、撸烤串，这进一步说明，两个大男孩在引诱我们，可能是打着别的什么主意，居心叵测。

C 玩警察抓小偷的游戏，为什么要到前面的假山处玩呢？为什么还要把人绑上呀？这些都说明两个大男孩不可信，有问题。

判断结论

根据以上分析，小玲与小香认为两个大男孩靠不住，有不良的企图。

脑洞大开

——选择的对策

第一，不理睬两个大男孩的邀请，尽快离开。

第二，迅速离开，赶快告诉妈妈爸爸，请家长帮助，或寻求“第三方”的帮助。

第三，拒绝前往假山处，当面戳穿两个大男孩的不良企图，并继续跳绳。

同学们，假如你是当时的小玲或小香，上述三个对策，你会选择哪一个？

用计对比

——优劣解读

假如选择了第一个对策，你不会受到任何侵害，可以很好地保护自己。但是，有不良企图的男孩还可能继续去引诱别的女同学，给其他女同学留下安全隐患。

假如选择了第二个对策，你可以很好地保护自己，同时及时向家长报告，家长会根据情况向警察提供线索，警察会很快把情况弄清楚。

假如你选择了第三个对策，两个大男孩被吓走了还好，但是如果他们真有不良企图，可能会被激怒，由于他们的体力比你们强，当时又没有路人经过，后果不堪设想。

同学们，在当时的特殊环境下，假如你是小玲或小香，你会选择哪个对策呢？让我们来看看小玲与小香的行动吧。

用计锦囊

巧妙利用《三十六计》里的“借刀杀人”之计谋，设法发现或制造有形或无形的“刀”，并巧妙利用，让自己安全离开危险之地，避免遭受侵害。而后，找警察抓坏人。

演示用计过程

为了不激怒两个大男孩，小玲大声说：“哎呀！我爸爸来接我去游泳了，他的车就停在那边。再见了，以后再玩。老爸，老爸，我来了，来了……”说完，她拉上小香，快速跑走了。

回到家后，小玲急忙把这个情况告诉了爸爸。爸爸是个警惕性很强的人，及时向派出所反映了情况。派出所民警及时出警，来到现场，发现这两个大男孩还没有离开，经过盘查，终于水落石出了。原来，这两个大男孩经常在附近的草地、假山、小树林中，以各种借口调戏低年级的女学生。最终这两个大男孩受到了应有的惩罚。

无论是假期还是平时，学生在外面玩时，都应该注意安全防护。遇到各种诱惑，要冷静分析。女学生最好不要单独在偏僻的地方玩，遇到言行举止可疑的大男孩、大女孩，应该警觉起来，不要盲目地跟人家走，更不能胆小怕事，没有一点儿警惕性，如果遇到特殊情况，要及时向爸爸、妈妈、警察、老师报告，以得到家长、老师、警察的帮助。

写一写，画一画

你增长智慧了吗？

请开动脑筋，图文结合，画出一幅生活中鲜活的防骗漫画。

第四计 以逸待劳 拖延时间

困敌之势，不以战；损刚益柔。

防骗解析

借助某些有利的自然和地理条件，使自己处于主动和有利地位，让对手陷于被动，失去主动性；或有意地制造一些有利的条件，使自己由不利地位转变为有利地位，让对手陷于被动，疲于应付，成为弱者，从而被人牵着走。

学习目的

相信喜欢《三十六计》的学生一定了解“以逸待劳”之计的谋略思想，深知“逸”与“劳”的辩证关系，并善于灵活运用，在遇到危险情况时，总能想方设法地利用周围环境，赢得主动权，使自己化险为夷，转危为安。

《三十六计》中“以逸待劳”之计的奇妙之处在于一个“巧”字，需要学生们认真地研究和对待。平时，要学会运用“关联树”分析法，在细微的事件里找出“破绽”，而后巧妙地运用。

其实，日常生活与学习中，只要多留心观察，就会发现许多可以利用的主观和客观因素，只要把这些因素利用好，就会从中找到安全的“法宝”。

模拟情景剧

美美的爸爸妈妈下班晚，每天放学后，只有美美一个人在家写作业。一天下午，她刚进家门，电话铃就响了。美美拿起电话，听到电话中传出一阵急促的声音："喂喂喂！你是美美吧？不好了，你妈妈被汽车撞了，正在医院抢救，你快点儿来吧，晚了就来不及了，我们的车在楼下等你呢。"

"阿姨，您是谁呀？我妈妈在哪个医院呀？"美美被这突如其来的噩耗吓蒙了，哽咽着问。

"快点儿下来，下来你就知道我是谁了。现在没有时间告诉你我是谁、你妈妈在哪个医院，快点儿，晚了就来不及了。"

阿姨着急地催促着说。

美美的脑子“嗡”的一下，感觉天旋地转起来，什么话也说不出来了，她两腿发软，眼泪扑簌簌地往下流，勉强支撑着身体来到门口。正要开门，她忽然想起了警察叔叔在学校给他们上的安全知识教育课。警察曾经说过这样的话：“接到陌生电话要镇定，思维要清晰。爸爸妈妈不在家，不能轻易相信陌生人打来的电话，特别是……”于是，她立刻停在了门口，冷静下来，思考着对策。

分析导引

A 来电话的阿姨不告诉自己她是谁，不合乎打电话的常理，很值得怀疑。

B 妈妈真出了车祸，很危险，这么大的事情，阿姨一句话都没有安慰自己，进一步说明她的身份可疑。

C 有时间催促我开门下楼，就没有一点儿时间告诉我她是谁吗？有点不可思议。

D 为什么在哪家医院也不说呀？很值得怀疑。

E 爸爸为什么没有来电话呢？姥姥为什么不来电话呢？舅舅

为什么不来电话呢？医院的人为什么没有来电话呢？这说明打电话的阿姨有问题。

判断结论

经过以上分析，美美得出了一个结论——阿姨可能是坏人，或者是另有企图的人。

脑洞大开

——选择的对策

第一，绝对不开门出去，根本不予理睬，继续写作业。

第二，绝对不开门出去，立刻给爸爸妈妈单位打电话，或给爸爸妈妈打电话，核实情况，而后让爸爸妈妈报警。

第三，绝对不开门出去，立刻给警察打电话，让警察来处理。

第四，开门冲出去，当面戳穿阿姨的谎言，大声呼喊：“抓坏人呀！抓坏人呀……”

同学们，假如你是美美同学，上述四个对策，你会选择哪一个呢？

——优劣解读

假如你选择了第一个对策，有利的方面是：自己的安全有保证，不会上当受骗。不利的方面是：骗子依然存在，会继续去骗其他人，隐患未能消除。但是，如果妈妈真的出了车祸，情况真的很危险，就会耽误看望妈妈的时间。

假如你选择了第二个对策，自己的安全有保证，与爸爸妈妈核实后，真相就水落石出了。爸爸妈妈报警后，警察抓住坏人，危险就会消失。

假如你选择了第三个对策，有利的方面是：自己的安全有保证。不利的方面是：在没有向爸爸妈妈打电话核实的前提下，匆忙给警察打电话，如果那个阿姨确实不是坏人，就会让警察白跑一趟，也会耽误看望妈妈的时间。如果那个阿姨是坏人，警察会及时抓住坏人，危险就会消除。

假如你选择了第四个对策，那个阿姨会受到惊吓。如果吓跑了，还算安全。但是，如果那个阿姨看到你身边没有其他人帮助，你就会很危险，因为她有准备，而你的体力根本不能够与之对抗，后果不堪设想。

如果真要开门出去，也一定要把邻居家的阿姨、叔叔叫出来，请他们和你一起下去问清楚情况。

同学们，如果你遇到了类似的情况，你会选择哪个对策呢？下面我们看看美美的选择。

用计锦囊

巧妙利用《三十六计》里的“以逸待劳”之计，充分利用自然条件和人文条件，首先要成功地稳住来电阿姨，而后迅速秘密地向爸爸妈妈核实情况，如果确定阿姨是骗子，让爸爸妈妈向警察报告，彻底消除隐患。

审时度势，因势利导，后发制人，守住家的“根据地”，牢牢掌握主动权，确保人身安全。

美美故意在电话中哭泣，而后迅速给妈妈单位打电话，知道了妈妈一切正常，她长长地松了一口气，并把情况及时报告给了妈妈。妈妈安慰并嘱咐她千万不能开防盗门，并立刻报了警。警察很快赶到现场，抓到了坏人。经过询问，原来那个阿姨是一个绑架勒索的惯犯。

防骗警示语

接到陌生人的电话时，无论电话中讲的是多么紧急的情况，都不能慌乱，更不能失去基本的判断力；应该时刻提高警惕，及时向家长核实，善于透过现象看本质，最好不要让对方知道只有你一个人在家里。记住，即使是爸爸妈妈真的病了，在医院有医生治疗呢，你再着急也没有用，因此尽量不要慌。

写一写，画一画

你增长智慧了吗？

请开动脑筋，图文结合，画出一幅生活中鲜活的防骗漫画。

第五计

趁火打劫
沉着冷静

敌之害大，就势取利，刚决柔也。

防骗解析

如果对手比较强大，不好直接攻击取胜，那么趁着对手遇到困难、发生意外或疏忽大意、自顾不暇时，迅速采取行动，以达到“乱”中取胜之目的。

学习目的

平时，学生如果遇到突发的安全问题与应急事件，运用好此计，往往事半功倍。喜欢读《三十六计》的学生，通常活泼中带着严谨与智慧，生活中会处处留心观察周围的环境与人，遇到危险情况，能准确地掌握各种“火”（时机）的出现和发展态势，做到心中有数，待时机成熟时，立刻采取行动，扭转局势，至少也要确保自己的人身安全。

有计谋的学生深知，当坏人强大、处于主动地位时，自己不大可能取胜；但如果坏人遇到紧急情况，或有外界突发事情干扰，就容易露出破绽。

模拟情景剧

暑假的一天下午，雷雷去郊外的一个公园玩，由于玩得太高兴了，竟然忘了看时间，等他心满意足地走出公园时，天已经快黑了。他想给妈妈打电话，可是手机没电了。

由于公园离家比较远，他决定打车回家。可是等了半天，也不见一辆出租车，正在着急之时，一辆车开到了他面前。昏

暗中，司机探出头，急切地问：“去哪里？”

雷雷问：“去M小区多少钱？”

司机说：“20元，上车吧！”

由于劳累，雷雷也顾不上看出租车是否有合法的标志了，打开后门上了车。走了一会儿，雷雷发现司机师傅开车的方向不是M小区，而是朝相反的方向开。他心中顿时一惊，心想：这是不是“黑车”司机呀？想多要钱吗？可是已经讲好价钱了。或者，他是要绑架……

为了证实自己的猜测，雷雷冷静地控制着自己的情绪，说：“师傅，我去M小区，您应该朝……”

没等雷雷说完，司机便打断了他的话，用不容置疑的口气说：“没有错，放心吧！”

雷雷问道：“师傅，您是哪个出租汽车公司的呀？”

司机不耐烦地说：“问什么？坐好了！”

雷雷感到问题严重了，突然他看到了一个公共厕所，顿时有了想法，说：“师傅，我想上厕所，我憋不住了，快尿裤子了。”

司机显得有些着急与生气，大声地说：“憋着点，实在憋不住就尿裤子里。”

雷雷看到司机师傅这么简单粗暴，心中的怀疑更加深了，迅速进行了如下思考。

分析导引

A 出租车的方向肯定错了，司机为什么说没有错呢？这里面肯定有问题。

B 我告诉司机方向错了，他为什么用恶劣的口气回答我？正常情况下司机态度是很好的。

C 我问司机是哪个出租车公司的，他训斥我不该问。真正的出租车司机都会告诉乘客公司的名称，他不但不回答，还用野蛮的态度对待我，可见这个司机不是什么好人。

D 让乘客往裤子里尿，这是什么出租车司机呀？肯定不是好人。

判断结论

经过以上分析，雷雷得出了一个结论：车是“黑车”，司机不是好人，可能有什么图谋，自己现在十有八九被绑架了。

脑洞大开

——选择的对策

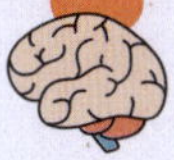

第一，马上大喊：“绑架了，绑架了……”

第二，冲上去与司机搏斗，而后趁机逃跑。

第三，等待时机，机智逃脱并报警。

第四，自认倒霉，任凭“黑车”司机摆布。

同学们，如果你是雷雷，上述四个对策，你会选择哪一个呢?

用计对比

——优劣解读

假如你选择了第一个对策，司机可能会受到惊吓，如果这个司机真是预谋绑架的，他就会对你采取更严厉的看管措施，你的安全没有保证。

假如你选择了第二个对策，司机正在开车，突然受到你的攻击，可能会发生重大交通事故，后果无法预测。

假如你选择了第三个对策，暂时会比较安全，待时机到来后，可迅速脱身，并报警让坏人落网。

假如你选择了第四个对策，你就是缺少智谋与勇气。

同学们，如果你遇到了类似的情况，你会选择哪个方案呢？下面我们看看雷雷的选择。

用计锦囊

巧妙利用《三十六计》里的“趁火打劫”之计，不激怒司机，静心等待，寻找令司机疏忽的“火”（时机），一旦时机成熟，成功逃脱，确保人身安全。

演示用计过程

雷雷假装恍然大悟，说：“师傅，你走的方向对，刚才是我看错了路。”说完，他用眼睛的余光仔细看着外面，等待着机会。

雷雷一边偷偷观察一边伸手摸包，包里还有一瓶没有喝的饮料。他悄悄地将饮料拿出来，脸上不动声色，心里窃喜找到了“火”。剩下的只是时机问题了。大约走了10分钟，来到了一个有人看管的火车道口处，恰好有火车经过。他清清楚楚地看见火车道口的两位师傅用小旗子示意汽车停下来。

司机很无奈，气急败坏地把车停了下来。这时，雷雷发现后面射过来几束强烈的灯光，判断是有汽车来了，就暗中用左手摸向车门开关。待后面的汽车接近时，雷雷左手迅速打开车门，同时扬起右手中的饮料瓶朝司机砸去。

“砰”的一声，司机的头被击中了。

司机疼得捂着脑袋“哎哟”“哎哟”大叫起来。

趁此机会，雷雷迅速下车，朝看守火车道口的两位师傅跑去，同时高喊：“有坏人绑架……”

看守火车道口的师傅与后面的汽车司机听见喊声，边报警边保护雷雷，而后一起把“黑车”司机制服了。

警察赶到后，经过审问得知“黑车”司机前一天晚上赌博输了钱，今天想绑架一个人质，换点钱，没有想到刚出手就栽在了雷雷的手里。

防骗警示语

学生独自打出租车时，应该注意观察出租车的合法标志，确认没有问题后，再上车也不迟。最好不要一个人坐来路不明的车，更不能吃司机送的东西。发现车行驶的方向不对时，要冷静，多动脑筋，多想一想《三十六计》，不能惊慌失措，更不能盲目地大喊大叫，或者与司机搏斗。要仔细观察车内、车外的情况，做到心中有数，弄清楚车门的开法、车窗的开关法。要密切注意车外可以求助的人、物，一旦时机成熟，立刻行动。

写一写，画一画

你增长智慧了吗？

请开动脑筋，图文结合，画出一幅生活中鲜活的防骗漫画。

第六计

声东击西　机智报警

敌志乱萃，不虞，坤下兑上之象，利其不自主而取之。

防骗解析

创造各种条件，巧妙地使用假象，合理地隐藏真实意图，使对方做出错误判断；在对方注意力转移后，很自然地行动，让对方在不自觉中上当，或失去警觉性，使形势朝着有利于自己的方向发展。

学习目的

一些学过《三十六计》的学生，在突然遇到不法侵害时，为了保护自己的生命安全，能够利用《三十六计》中的“声东击西”之计抓住稍纵即逝的逃生机会，出其不意地制造一些逼真的假象，吸引对方的注意力，使对方很自然地相信，并在不知不觉中放松警惕，从而使自己摆脱困境，顺利地渡过一道又一道的难关。

“声东”的目的是虚晃一枪，为真实的“击西”行动赢得宝贵时间，争取难得的求生机会。

同学们在电影中经常可以看到这样的镜头：机智勇敢的侦察员被坏人盯梢后，神出鬼没，虚虚实实，最终把坏人甩掉，或把坏人制服。

现实生活中，犯罪分子专门把目标锁定在自我保护能力相对较差的学生身上。坏人经常在放学的路上、偏僻的街头、小巷、幽静的绿地旁、集市与小商品批发市场周围、社区健身器材附近、公园与儿童乐园四周闲逛，四下寻找着“目标”。当发现独自行走的学生时，可能会采取尾随、靠近、纠缠、威逼、“碰瓷”等手段，迫使其就范。这一点应该引起学生的高度重视，最好不要一个人在偏僻无人的地方活动。

模拟情景剧

中秋节快到了，雅丽准备给全班同学各送一张贺卡，听同学说某小商品批发市场便宜，就利用星期天的时间过去看看。在批发市场，雅丽看到很多漂亮的贺卡，选定贺卡后便与热情的摊主聊了起来。摊主问她在哪里住，她毫无戒备地说是在离这里比较远的M小区，并希望摊主能再便宜点，摊主点头同意了。

雅丽高兴地拿着贺卡向外走，走着走着，她突然感觉到有人跟着自己。她下意识地加快脚步，穿过一片无人的绿地时，侧头一瞟，果然有个戴墨镜的青年人在后面。雅丽有些紧张，心慌得要命。这时，她突然想起老师的一句话：遇到危险情况，务必要冷静，要多动脑筋想想。

于是，她快步走出绿地，朝街心花园方向走去。来到街心花园，她悄悄扭头观察，发现那个戴墨镜的青年人还跟着她。

这时，雅丽突然听到戴墨镜的青年人冲她说：“小同学，我家也住M小区。咱一块儿回家吧！”

“我不认识你。”说完，雅丽急忙朝公共汽车站跑去，结果发现，戴墨镜的青年人也跟上来了。雅丽此时感到问题严重了，可能是遇到盯梢的坏人了。

分析导引

A 青年人走路一般比较快，按照正常的行走速度，这个戴墨镜的青年人应该超过自己了，可是这个人总是不紧不慢地跟在自己的后面，说明这人有问题。

B 在大街上，非亲非故的人一般不说话，戴墨镜的青年人说他也住在M小区，他怎么知道自己住在M小区呢？这里面肯定有问题。

C 自己都说了不认识他，他为什么还跟到公共汽车站呢？他肯定有什么图谋。

判断结论

经过以上分析，雅丽得出了一个结论——尾随在身后的戴墨镜的青年人可能是图谋不轨之人，自己有危险。

脑洞大开

——选择的对策

第一，打出租车，快速脱身。

第二，大喊大叫，把路人吸引过来，吓走戴墨镜的青年人。

第三，冲过去，与戴墨镜的青年人理论，并再次警告他不要尾随自己。

第四，到人多的地方给爸爸妈妈打电话，让爸爸妈妈来接自己。

第五，悄悄地报警，并设法拖住戴墨镜的青年人，把他抓住。

同学们，假如你是雅丽同学，上述五个对策，你会选择哪一个呢？

——优劣解读

假如你选择了第一个对策，有利的方面是：当时自己的安全可能有保证。不利的方面是：盯梢者会轻松地走开，可能会给别的同学带来隐患。再想想，如果在慌忙之中上的出租车恰好是那个戴墨镜的青年人同伙的“黑车”呢？那不还是落入牢笼了吗？这一点儿也要考虑到！

假如你选择了第二个对策，有利的方面是：路人到来后，自己说明真相，安全有了保证。不利的方面是：一旦过路的人少，听不到你的喊声，戴墨镜的青年人可能会逃跑，也可能会迅速对你实施侵害，未知的危险依然存在。

假如你选择了第三个对策，有利的方面是：戴墨镜的青年人会被吓跑，你的危险暂时消除。不利的方面是：戴墨镜的青年人如果发现四下无人，会凶相毕露，采用凶残的手段对付你，而你的体力根本不能够与之对抗，后果不堪设想。

假如你选择了第四个对策，有利的方面是：自己的安全有了保证，能让家长及时了解情况，并设法尽快赶过来接你。不利的方面是：因为时间相对太长，戴墨镜的青年人可能会逃跑，隐患还是消除不了。

假如你选择了第五个对策，自己的安全有了保证，警察叔叔接到报案后会迅速赶到现场处理；只要拖延时间的方法正确，戴墨镜的青年人逃跑的可能性就不大，坏人被抓住后，潜在的危险就会彻底消失。

同学们，开动脑筋想想，在当时的特殊环境下，你会选择哪个对策呢？雅丽选择的是什么对策呢？

用计锦囊

巧妙利用《三十六计》里的“声东击西”之计，秘密报警，神态自然地稳住盯梢者，等待警察抓住坏人，以防他去伤害其他同学。

为了抓获“盯梢者”，雅丽一边向公共汽车站的方向疾走，一边左右观察，突然发现了一个报摊。

“买份晚报，多少钱？”雅丽边快步走过去边故意大声喊，实际上是“声东”。

走到报摊前，她买完报纸后大声地问公共汽车站在哪里，同时小声告诉摊主：“后面有坏人，请报警。”

并迅速地大声说：“谢谢了。”然后，便若无其事地朝公共汽车站方向走。

盯梢者没有觉察到小动作，还是跟着雅丽向公共汽车站方向走。

一会儿的工夫，警察便到达了。盯梢者想跑，但是已经来不及了。经过审问，得知盯梢者是一个好吃懒做的小痞子，喜欢去网吧与歌厅玩，没有钱了就出来拦截学生。他知道进批发市场买东西的学生身上有钱，已经在此拦截过好几名学生了，共得赃款 200 多元。他没有想到，这次栽在一位女学生的手中。

派出所的警察把雅丽同学遇到紧急情况后沉着冷静、不慌乱并机智报警的事迹告诉了学校，学校专门请雅丽同学讲述了事情的经过，同时还给全体同学上了一堂安全教育课。

防骗警示语

遇到盯梢者，一定要冷静，要往人多的地方走，或者往派出所、治安检查站走；也可以向保安求救，或及时给爸爸妈妈打电话；还可以报警。总之，不能让盯梢者纠缠住，更不能慌不择路地闯入盯梢者设计的圈套中。

写一写，画一画

你增长智慧了吗？

请开动脑筋，图文结合，画出一幅生活中鲜活的防骗漫画。

第七计 无中生有 识破诈骗

诳也，非诳也，实其所诳也。少阴、太阴、太阳。

防骗解析

为了达到预定的目标，根据当时的具体条件和情况，故意制造一个有利于对手的事实，使对手深信不疑，自然地“屈服”，并按照自己的意志去行动，顺利化解危机。“无中生有”是古代军事家对敌人作战的一计，巧妙之处在于“栽赃陷害”，使得对手有话说不出，有劲儿使不出，陷于被动挨打的境地，自己可以趁机给对手致命的反击。

学习目的

一些具备谋略的学生，很善于使用此计来保护自己，在实施此计时，他们能够巧妙地创造一个让对方信任的外部条件，把眼前根本不存在的事实说成是真实存在的，让对方毫无察觉，或者看不出真假。

学生要保持清醒，在对方深信不疑之时，迅速采取补救行动和措施，变成真的有，从而赢得脱险的机会。

此计隐含着无穷的奥秘和智慧，需要每位学生认真地加以运用和实践。

模拟情景剧

一天下午放学后，小学生张明明离开学校，背着书包高高兴兴地回家。路过一个小商业区时，被路边地摊上五颜六色的动画卡片所吸引，他一边走，一边不时地前后张望着。

走着走着，张明明突然被什么东西绊了一下，低头一看，原来是个很漂亮的小盒子。他好奇地打开小盒子，只见里面装着一个精巧的手机，他自言自语地说："奇怪，是谁丢在这里的？"

他正在纳闷，突然，从一个胡同中冲出四个半大男孩，拦在他的面前。其中的一个男孩声色俱厉地说："是你偷了我的手机，这下抓住你了。走！送你去派出所，好好关你几天，看你还敢不敢再偷！"

张明明被这突如其来的情况弄蒙了，慌忙说："我没偷，是我刚才捡的。"

另一个粗壮的男孩一把抓住张明明的胳膊，抢过手机和张明明的书包，大声说："你还敢赖账，要是不承认，就把你绑上，送去公安局。"

张明明本来就胆小，一听要送他去公安局，吓得连声说："我不去，我不去……"

男孩接着说："不去也可以，手机坏了，你要赔我们200元钱的修理费。否则书包就不给你了，让你明天没法上学。"说完，他摆出一副检查手机的样子。

张明明觉得自己有理，就是说不出来，害怕被送去公安局，又怕挨打，更怕没有书包老师批评自己，就答应了此事。

回家取钱的路上，他忽然想到了老师上的安全课。路上遇到敲诈勒索的人怎么办？他立刻想出了对策：采取"无中生有"

之计，揭穿这伙人，保护自己的人身与财产安全。

这个骗局有许多破绽，假如你是张明明同学，并且学过《三十六计》，在决定赔钱和不赔钱之前，应该做出如下分析。

分析导引

A 说人家偷东西，需要人赃俱在，当场抓获；四个半大男孩并没有当场抓获张明明，就一口咬定是张明明偷的，说明他们是有意栽赃陷害。

B 除公安人员执行任务外，其他人随意绑人是犯法的；四个半大男孩说要把张明明绑上，说明他们要么在犯法了，要么在吓唬人。

C 手机坏了，并没有让张明明检查，因此究竟是不是坏了，难以断定，这说明四个半大男孩在欺诈张明明。

D 手机修理费是不是200元钱呢？四个半大男孩随口就说需要200元，没有根据，这说明他们在蒙人。

判断结论

综合以上分析，可以初步得出一个结论：这四个半大男孩是一个敲诈团伙。

——选择的对策

第一，同意去公安局，请警察依法裁定自己捡到东西的行为，一切听警察的处理。

第二，继续与敲诈勒索的人争论下去，就是不去公安局，也不赔钱。

第三，迅速大声向周围路人说明事情的原委，让围观的路人主持正义。

第四，同意这伙人的意见，回家拿钱了事。

第五，同意赔钱，稳住这伙人，而后巧妙地告诉警察或爸爸妈妈，请他们来处理。

上述五个对策，你会选择哪一个呢？

——优劣解读

假如你选择了第一个对策，有利的方面是：当时自己不会吃亏，可以免遭物质、肉体和精神上的损害。真的到了公安局，警察会在认真调查、研究、取证的基础上，公正地做出处理，潜在的后患会彻底消除。不利的方面是：可能这伙人赖着不去，继续敲诈你。

假如你选择了第二个对策，有利的方面是：自己不会被诈去200元钱，经济上不会受到损失。不利的方面是：四个半大男孩是有备而来的，会不会轻易放过你？你可能会受皮肉之苦。书包会不会真的被他们抢走呢？

假如你选择了第三个对策，有利的方面是：钱和书包不会让这伙人诈去，周围的群众听到你的大声陈述后，会出来主持正义，还会群起而攻之。这四个半大男孩受到群众的指责后，可能会灰溜溜地离开，或是被群众扭送到公安局。不利的方面是：万一这伙人在群众的指责声中逃走，隐患会继续存在。

假如你选择了第四个对策，有利的方面是：自己免去了肉体上的痛苦。不利的方面是：钱被这四个半大男孩给诈去了，会使得这伙人更加猖狂，后患无穷。

假如你选择了第五个对策，当时自己不会吃亏，可以免遭物质、肉体和精神上的损害；巧妙脱身后，迅速向警察或爸爸妈妈报告情况，警察及时出现，查明情况，这四个半大男孩就会束手就擒，潜在的危险会彻底消除。

同学们，我们看看在当时的情况下张明明选择了什么对策。

用计锦囊

巧妙利用《三十六计》里的“无中生有”之计，在确保自身安全的前提下，设法除掉这个碰瓷的敲诈团伙，消除社会隐患。

演示用计过程

张明明装出害怕的样子，哆哆嗦嗦地说：“我……我……我赔你们钱，可是我没有带在身上，我回家去拿压岁钱。我把书包留下，等我一下。”

四个半大男孩看张明明屈服了，留下书包，同意了他的要求。

张明明飞快地向派出所跑去，把情况向警察报告了。

警察火速赶到现场，抓住了这四个敲诈勒索的半大男孩。经过审问，警察很快就把这伙人的犯罪情况搞得一清二楚了。

同学们，一旦遇到类似的事件，知道该怎么办了吗？相信你会在保护自己的前提下，机智勇敢地处理好突发情况的。

防骗警示语

在外面行走要时刻提高警惕，遇到突发的情况应该有主见，冷静分析与判断，对于敲诈勒索之人的威逼、无赖的言语与行为，要有所准备。要善于观察当时的情况，具体分析，确保自己的人身安全，可以积极借助群众的力量，安全脱身后，及时报警，或者向老师、父母讲清楚情况。

写一写，画一画

你增长智慧了吗？

请开动脑筋，图文结合，画出一幅生活中鲜活的防骗漫画。

第八计 暗度陈仓 出奇制胜

示之以动，利其静而有主，益动而巽。

防骗解析

设法制造各种假象，稳住对方，扰乱对方视听，巧妙采取迂回行动，实现真实目的。

学习目的

聪明的学生遇到危险，使用此计保平安时，通常会合情合理地设计一个“圈套”，并利用骗子出现的一个极小的失误，很自然地将其引入“圈套”里，待将骗子“套”住之后，按照既定的求生、保安全之目标去行动。

暗度陈仓之计在遇到危险时很实用，为了自己的人身安全，要极力隐瞒真实意图。同学们平时一定要认真学习，积累防骗知识，遇到危险的情况时，要善于巧妙地加以运用。

模拟情景剧

学生刘红红是个热心人，在学校是三好学生。一天，她在家门口的胡同里玩，一个中年妇女朝她走来，刚走到她近前，突然大叫一声，双手捂着肚子，痛苦地说：“我的肚子，痛死了。难受，难受……”

刘红红赶忙上前扶住她，问：“阿姨，你是不是病了？”

中年妇女吃力地说：“是，能不能到你家喝点儿热水？老毛病，喝口热水就好了。”

刘红红热情地扶着中年妇女回到家，进屋后，赶忙拿杯子

到厨房去倒开水，而后把水杯递给中年妇女。

中午妇女喝了几口热水，强打精神说：“好一点儿了，谢谢你了，我要到学校把你的好品质告诉你的老师。”

刘红红心中很高兴，谦虚地说：“不用，这是我应该做的。”这时，中年妇女好像突然想起了一件事，急忙说：“小同学，我刚才在外面犯病的时候，钱包丢在了地上，你能不能出去帮我找一找呢？”

刘红红一听钱包丢在了外面，很着急，赶忙跑出门，但是找遍了胡同也没找到，只好回家。回到家里，她发现阿姨已经走了。

晚上刘红红的父母下班后，发现柜子里的项链、戒指以及500元钱全没了。红红把经过一说，父母立刻断定是中年妇女偷走了。

这起骗局有很多破绽，只是刘红红没有把那些破绽联系在一起，注意力只放在做好人好事上面了，防骗的警惕性不足，所以吃亏上当。

假如你是刘红红同学，并且警觉性很强，在决定帮与不帮之前，应该先做如下分析。

分析导引

A 中年妇女早不痛，晚不痛，恰巧在经过自己身旁时犯病，是巧合还是故意的呢？值得怀疑。

B 生病以后，应该去医院，可中年妇女却要到别人家喝点儿水，有些反常。

C 肚子痛得那样厉害，喝一点儿热水就能好吗？根本不可能，这说明中年妇女在说谎，值得怀疑。

D 钱包丢在外面，当时不说，进屋坐了好久才说，可见其用心险恶。

判断结论

综合以上分析，可以初步得出一个结论：这个中年妇女是个骗子。

脑洞大开

——选择的对策

第一，走上前询问是否需要帮助，但是坚决不让其进自己家。

第二，喊来邻居家的叔叔和阿姨，请他们来帮助“生病”的中年妇女。

第三，答应中年妇女喝热水的要求，不让她进自己家，到邻居家借一杯热水给她喝。

第四，对中年妇女说，会给急救中心打电话，让她在此等一下。

第五，对中年妇女讲，自己无能为力，但是不远处有巡警，自己可以帮她去找巡警来帮忙。见到巡警后，把情况详细地告诉巡警。

第六，帮忙打120。

上述六个对策，你会选择哪一个呢？

用计对比

——优劣解读

假如你选择了第一个对策，有利的方面是：既做到了助人为乐，又不让骗子的阴谋得逞，可以有效地保护自己。不利的方面是：骗子没被抓住，她可能还会在其他地方作案。

假如你选择了第二个对策，有利的方面是：邻居家的叔叔阿姨们出来后，会使你远离危险，骗子无法对你下手。不利的方面是：骗子会伪装起来，这次逃脱后，还会去骗其他同学。

假如你选择了第三个对策，有利的方面是：救人如救火，假如中年妇女不是骗子，那么，你这杯热水就会使一位真正的病人得救；假如中年妇女是骗子，你把热水给她喝了，她没有机会进到你家，只好一走了之，没有再进屋的理由。不利的方面是：骗子仍然会逃走，隐患还是存在。

假如你选择了第四个对策，有利的方面是：既做了好事，又能够检验出中年妇女是真病还是假病。如果是真病了，就能达到救人的目的。不利的方面是：在急救中心的救护车到达之前，中年妇女借机脱身的话，会造成急救资源的浪费。

假如你选择了第五个对策，自己既尽到了救人的社会责任，也不至于引火烧身，自己的安全有了保证。更为有利的是，巡警还能把中年妇女的身份弄清楚，识破骗子的伪装，消除隐患。

假如你选择了第六个对策，救了人，还保护了自己。

同学们，我们再演示一次模拟情景剧。在当时的情况下，你选择第五个对策是正确的。

用计锦囊

确保人身安全，巧妙利用《三十六计》里的“暗度陈仓”之计，出奇制胜，在情况未弄清楚之前，绝对不能“引狼入室”。要选择既能帮助对方又能查清对方身份的方法，一举两得。

演示用计过程

刘红红应该这样处置——她看着胡同口，着急地说：“阿姨，您不要着急，我去前面叫巡警来帮助您。”说完，不等妇女同意，就飞快地向巡警跑去，把情况向巡警报告，请巡警叔叔把生病的妇女送到附近的医院。

巡警听了这件事，觉得可疑，立刻跟随刘红红来到事发地，但是那里已经空无一人。四下寻找后，终于在前面的胡同里发现了急匆匆逃走的中年妇女，经过盘查得知，中年妇女是一个专门针对儿童行骗的骗子。

同学们，一旦遇到类似的事件，你知道怎么办了吗？

防骗警示语

遇到陌生人的求助，应该在保证自己安全的前提下，做些力所能及的事情。绝对不能只是想着做好事，认为需要帮助的陌生人是弱者，放松警惕。对问路、找人、想进屋打电话、找药吃等要求，要保持高度的警觉，不能答应其要求。发现异常情况应及时报警，或向家人、路人、邻居求助。

写一写，画一画

你增长智慧了吗？

请开动脑筋，图文结合，画出一幅生活中鲜活的防骗漫画。

第九计

隔岸观火 智斗骗子

阳乖序乱，阴以待逆。暴戾恣睢，其势自毙。顺以动豫，豫顺以动。

防骗解析

遇到突发的情况，各种意想不到的危险都可能会出现，当发现对方内部有矛盾或出现严重分歧时，要留意仔细观察，不要急于行事。应采取坐山观虎斗的态度，分析、判断局势的发展，以及对自己有利的因素，耐心等待，等对手内部的矛盾激化到一定程度时，顺势出击，达成自己的目标。

学习目的

一些熟知《三十六计》与兵家计谋的学生，深知“静”与“动”、“快”与“慢”之间的辩证关系，遇到危险，总能等到对方内部矛盾激化到有机可乘时，采取行动，使自己从危险中脱离。

模拟情景剧

暑假到了，小学生马军和李力一同来到公园玩。在一片树林中，他俩想进行爬树比赛，却发现这里竖着一块牌子，上面写着：“禁止爬树，违者罚款。”

马军无奈地说：“算了，公园里不能爬树，我们走吧。”

李力把眼一瞪，说：“胆小鬼，怕啥？现在没有人，我们爬快点，没事。”

马军坚持不爬，俩人争了起来。最后，李力急了，一把抓

住马军的胳膊，气呼呼地说：“你要不爬，我不和你玩了。”

马军看李力真急了，只好妥协，俩人开始爬树。

这时，两个戴红袖章的小青年突然从一棵树的后面冲出来。其中个子较高的小青年严厉地说：“下来，我们是公园保安，看你们半天了，你们违反规定，每人罚款 30 元。”

俩人吓得赶忙下来，诚恳地说：“叔叔，我们再也不爬了，饶了我们吧。”

个子较高的小青年不依不饶地说：“不行，每人 30 元。不交钱马上送你们去保卫处，关你们三天，再把你们打个半死。”

俩人一听这话，觉得有些不对劲儿，偷偷地交换了一下眼色，不约而同地说："叔叔，您别发火，我们认罚。不过，让我们看看你的工作证和罚款规定，这样我们才服气。"

个子较高的小青年怒气冲冲地说："工作证和罚款规定都在保卫处，如果跟我去保卫处，先把你们打个半死，再让你们交钱。你们说是在这儿交钱呢，还是去保卫处交钱？"

听完这番话，马军和李力都怀疑小青年是假冒的保安，俩人进行了如下思考。

分析导引

A 真正的公园保安应在俩人争吵时就出来教育，可这两个戴红袖章的小青年却在自己上树后才出来制止，说明他们可能不是公园的保安。

B 出具工作证才能证明一个人的真实身份，这两个小青年仅戴着红袖章，并不能说明他俩就是真正的保安。

C 罚款时应出示工作证和有关规定，这两个小青年并没有出示，说明这里面有问题。

D 这两个小青年说要把马军和李力关起来打个半死，这是在吓唬人。其实，任何人都没有权力把人"关上三天、打个半死"。如果真的这样，他俩就犯法了。

E 真正的保安是不会吓唬人的，这两个小青年吓唬人，说明他俩不是真正的保安，或是不合格的保安。

F 保安没有权力罚款。

判断结论

经过以上分析，俩人得出了一个结论：这两个小青年是假保安，其目的是诈骗钱财。

脑洞大开

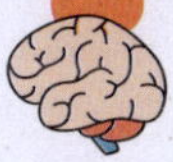

——选择的对策

第一，在两个小青年的淫威下，自认倒霉，交钱回家。

第二，坚决不交罚款，并戳穿两个小青年的阴谋诡计。

第三，与之辩论，并迅速高喊：“抓坏人，抓假保安……”吸引游玩的群众赶过来，把两个小青年扭送到有关部门。

第四，先交钱，稳住两个小青年，脱身后迅速报告公园的真保安，请他们来处理。

第五，制造混乱，秘密报警。坚持让两个小青年带自己去保卫处，主动向保卫处的叔叔们承认错误，并戳穿这两个假保安的真实企图。

上述五个对策，你会选择哪一个？

用计对比

——优劣解读

假如你选择了第一个对策，自己不仅在物质和精神上受到了损害，而且纵容了骗子的行为，骗子得逞以后会更加猖狂地去敲诈其他同学。

假如你选择了第二个对策，有利的方面是：自己在经济上不会有损失。不利的方面是：由于是在公园的僻静处，骗子会不会狗急跳墙呢？会不会对你下黑手呢？所以，险情随时会出现，后果不可预测。

假如你选择了第三个对策，有利的方面是：经济上不会有损失。不利的方面是：由于附近无人，远处游玩的群众听到喊声还好，听不到喊声怎么办呢？骗子受到惊吓后，可能会狗急跳墙，出现“鱼死网破”的结局。客观地讲，由于成年人和孩子体力的悬殊，最后吃亏的肯定是你自己。

假如你选择了第四个对策，有利的方面是：能够迅速脱身，可以保护自己，真正的保安到达后，就会把骗子抓住，钱自然而然会回到你的手中。不利的方面是：如果在真正的保安到来之前骗子逃脱了，钱就会白白损失了，并且隐患会继续存在。

假如你选择了第五个对策，既能脱身，又能够揭露假保安的真面目，还能将隐患消除。

同学们，在当时的情况下，你会选择第几个对策？下面，我们看看马军和李力的选择和处置方法。

用计锦囊

巧妙利用《三十六计》里的“隔岸观火”之计，首先保护好自己的人身安全，假意接受罚款，但坚持去保卫处“公了”，吓走骗子，达到一举两得的目的。

演示用计过程

俩人悄悄地使了个眼色，互相心领神会，故意争吵着，演戏给两个小青年看。马军坚持去保卫处，李力坚持不去保卫处，吵得不亦乐乎，两个小青年看糊涂了，显得很急躁。

马军上前一步，对着个子较高的小青年大声而坚决地说：“叔叔，既然你说去保卫处，那我认打认罚。我同意你的意见，跟你去保卫处，交多少罚款我都认。他不去，我管不了。反正我跟你去……”

李力走到个子较矮的小青年身边，不耐烦地说：“我不去，反正我兜里没有钱，去不去都没有意义，就是不去……”

两个小青年看俩人意见不一致，一个坚持要去保卫处，一个坚决反对，一个有钱，一个没有钱，也拿不准了，又见他们争论不休，一时乱了方寸。

过了一会儿，个子较高的小青年硬着头皮说：“你俩的意见不一致。这样吧，我们带你去保卫处交罚款。你在这里别动，我们回来再收拾你。”

于是，两个小青年带着马军向保卫处的方向走去，快到时，两个小青年说要去厕所方便一下，想借机离开。

李力留在原地，等他们走远后，立刻掏出手机，拨打了110报警电话，快速说明了情况。

马军见两个小青年要溜走，飞跑向保卫处报案。

保卫处的保安接到110打来的警情电话，快速跑出来，正好碰见迎面跑来的马军，简要问明情况后，真正的保安立刻将两个小青年抓住，送到了派出所。

民警经过审问发现，这两个小青年是专门讹诈孩子的流氓，用同样的手段已经讹诈了好几个学生。

开学后，马军和李力向老师说明了情况，老师提醒同学们要提高警惕，多学谋略，学会保护自己。

防骗警示语

当自己不慎犯了错误时，应该勇于承认。

尤其是在外面，遇到自称是“保安”或“警察”的人时，应该仔细观察其言行，如果对方言语粗鲁，着装不整齐，并带有恐吓、威胁的意味时，要高度警觉起来，寻找机会逃脱，并报告真正的警察与保安。注意，任何情况下都不要“私了”，一定要坚持“公了”。

写一写，画一画

你增长智慧了吗？

请开动脑筋，图文结合，画出一幅生活中鲜活的防骗漫画。

第十计 笑里藏刀 暗藏杀机

信而安之，阴以图之；备而后动，勿使有变。刚中柔外也。

防骗解析

在自己处于不利的境地时，要学会伪装，摆出一副和蔼可亲、热情好客的姿态，争取从心理上把对方感化，使对方疏于防范，甚至产生同情的心理，而后迅速反击，让对方措手不及，无从招架，从而使阴谋无法得逞，自己平安无恙。

学习目的

现实生活中，学生遇到危险情况，巧妙使用“笑里藏刀”之计是十分有效的。平时应认真读一读《三十六计》，深刻理解其中的谋略知识，反复研究，并加以运用，关键时候可以使自己化险为夷。

同学们应该清楚，“笑里藏刀”的“笑”，一定要真实，要站在对方的角度去“笑”，要自然、热情与真诚，让对方得到“实惠”。只有这样，对方才会接受，才不会产生怀疑。

“笑里藏刀”的“刀”，并不是要去“杀”人，而是一个合情合理出现的“保护神”。

生活中，同学们应该睁大眼睛，提高警惕，认真观察，练出“火眼金睛”，识破身边形形色色的骗局，以防上当受骗，确保人身安全。同时应注意，骗子也经常使用此计骗人。

高燕燕平时学习不怎么好，老师和家长经常批评她。因此，她特别害怕考试。临近中考了，她的心情特别不好。一天，她放学后独自回家，走到僻静之处时，一个女人的甜美声音传到了她的耳朵里：“小同学，等一等，等一等……”

高燕燕停下来，回头一看，见一个知识分子打扮的中年女子正向她走来。

高燕燕随口问：“阿姨，你是叫我吗？”

“是的，我问你点儿事。”女子笑眯眯地说，同时从一个包里拿出一个小方盒子，大小与手机差不多。

高燕燕不解地看着盒子，一脸茫然。

女子神秘地、悄悄地说：“小同学，我是高科技智能研究所的工程师，我们所研制出了一种智能解题器，什么样的题都能解答。用了它，保证考试得 100 分。现在正找学生试用，收集数据，不断优化，我看你特像我女儿，特喜欢你，打算先给你试用，100 元就可以拿走。”

高燕燕一听说有这种能够帮助自己得 100 分的智能解题器，高兴得什么都忘了，忙说：“阿姨，我要，我要。我回家拿钱去，你等我。”说完，她飞快地跑回家，偷偷拿出压岁钱，交给了阿姨，像得到宝贝似的，小心翼翼地把“解题器”拿回了家。

晚上高燕燕躺在床上激动不已，心想：“这下可不用害怕考试不及格了。”

第二天，考试开始了，她偷偷地把“解题器”拿出来，可摆弄了半天，也不出数字。她气极了，打开盒子，发现里面是一些废电阻和电容。

其实这个骗局漏洞非常多，只不过高燕燕太想考出好成绩了，以至于轻信了他人。更主要的是她没有社会经验和逻辑推理知识，不善于逆向思维，缺乏防骗警惕性，所以无法判断事情的真伪，最终上当受骗，经济上受到了损失，心理上也受到了打击。

假如你是高燕燕同学，遇到那样的情况，在决定买与不买之前，应该进行什么样的思考呢？

A 老师经常教育同学们，要想学习好，主要是勤奋、努力，投机取巧的办法行不通。

B 中年女子说自己是智能研究所的，一没出示工作证，二没出示单位证明信，因此她的话不可全信。

C 中年女子说研制出了智能解题器，并没有有关单位的证明，说明“解题器”可能是编造出来的谎言。

D 卖东西，应给买者展示一下用法。中年女子没有这样做，说明产品可能有质量问题。

E 研制出新产品，给人试用，就不应该收费，中年女子收费，就说明她在撒谎。

F 卖东西，应该给买者开具发票。中年女子没有发票，值得怀疑。

判断结论

综合以上分析，可以初步得出一个结论：本模拟情景剧中的中年女子是个骗子。

脑洞大开

——选择的对策

第一，不予理睬，继续走路回家。

第二，当时就戳穿她的骗局，并让她去派出所或工商局。

第三，迅速高喊“抓骗子”，让赶来的群众把她扭送到有关部门。

第四，设法稳住骗子，安全脱身后，迅速报告爸爸妈妈、警察叔叔或工商部门的叔叔，请他们来处理。

上述四个对策，你会选择哪一个呢？

用计对比

——优劣解读

假如你选择了第一个对策，有利的方面是：自己不会上当受骗，可以避免物质和精神上的损失。不利的方面是：骗子没有丝毫的损失，还会去骗其他同学，使其他警惕性不高的同学上当受骗。

假如你选择了第二个对策，自己虽然不会上当受骗，但由于是在僻静之处，骗子的诡计被你识破后，会不会狗急跳墙呢？会不会对你“下黑手”呢？记住，骗子是不会听从你的摆布的。

假如你选择了第三个对策，有利的方面是：自己不会上当受骗。不利的方面是：由于附近无人，远处的群众听到喊声跑过来帮助你还好，但如果听不到怎么办呢？骗子受到惊吓后可能会迅速逃跑，也可能会与你来个鱼死网破。由于成年人和孩子的体力相差太大，最后吃亏的还是你。

假如你选择了第四个对策，自己不会上当受骗，可以避免物质和精神上的损失。巧妙、安全脱身后，立刻报告爸爸妈妈并报警，警察叔叔或工商执法人员赶到现场，骗子就会被抓，潜在的后患也会彻底消除。

同学们，我们再演示一次这个模拟情景剧，在当时的情况下，高燕燕选择第四个对策是正确的。

用计锦囊

巧妙利用《三十六计》里的“笑里藏刀”之计，保证自己不被骗。

演示用计过程

我们回到模拟情景剧中，高燕燕应该这样处置。

高燕燕装出着急想买的样子，激动地说：“阿姨，你简直是神仙，能掐会算，这么了解我的心情。我学习不怎么好，特别害怕考试，我真想买，超级想买。可是，我现在身上没有带钱，我回家拿钱去，您先在这儿等我一下好吗？我以后考试再也不发愁了，能得 100 分了。我一定保密……”说着，她飞快地向“家”（派出所）跑去。

中年女子微笑着看着高燕燕的背影，美滋滋地打开手机，听上了音乐。

高燕燕跑到了“家”，向警察叔叔说明了情况。很快，警察叔叔就来到了中年女子身边。

经过询问得知，中年女子是个骗子，智能解题器是她瞎编出来的，其实就是用废旧收音机做的。她已经骗了好几名学生了。

第二天上学，高燕燕把情况告诉了老师，老师鼓励同学们在学习上要加倍努力，不要试图寻找“捷径”，要提高警惕，学会保护自己。

骗子会编造出各种谎言，诱你上钩。遇到类似的情况，你应该保持平和的心态，不被花言巧语蒙骗，更不能天真地认为自己碰上了好事，要善于透过现象看本质，并根据当时自己所处的环境做出理智的判断。如果地处偏僻、有危险，就可以提出先给钱，确保安全脱身后再及时报警。拿不准的事情，应该积极主动地问家长、老师，求得他们的支持与帮助。

写一写，画一画

你增长智慧了吗？

请开动脑筋，图文结合，画出一幅生活中鲜活的防骗漫画。

第十一计

李代桃僵 不贪小利

势必有损，损阴以益阳。

防骗解析

有时为了获得全局、长远或更大的利益，可放弃局部和暂时的利益，损失一些财物。通俗地讲就是用最小的代价换取最大、最长远的利益。

学习目的

掌握《三十六计》谋略的学生，遇到危险时，为了确保自身平安的根本目的，主动把一些货真价实的东西，或无关紧要的物品送给对方，待对方产生兴趣或是尝到甜头后，注意力分散了，出现了漏洞，同学们就要抓住时机，迅速反击，战胜对方。

同学们，实施此计保护自己的人身安全时，需要精确分析与判断，掌握时机，务必认真思考，不要弄巧成拙，避免“逃出了虎穴，又进了狼窝”。

目前，社会上有一些阴险狡诈的骗子，为了达到不可告人的目的，故意制造假象，诱惑头脑简单的学生上钩，待学生的防范心理放松后，再伺机下手。

同学们要睁大眼睛，精准辨识，遇事多与老师和家长商量，提高智谋水平，不上当受骗。骗子也经常使用此计骗人。

模拟情景剧

邓强刚从学校出来就听见有人叫他。

“小朋友，送你点东西。”一个20来岁的小伙子追上来，手中拿着一把玩具仿真手枪。

邓强停下来问："你是叫我吗？"

小伙子把他拉到一边，压低声音说："小朋友，我卖货剩下一把仿真玩具枪，送你算了，不要钱。只是子弹要买。"

恰巧，邓强最喜欢枪，他高兴地接过来，说："谢谢哥哥。"然后就把枪拿回了家。

从此，他玩这把枪上了瘾。可是，这款仿真玩具枪要用专用子弹，而这种子弹只有在小伙子那儿可以买到。邓强几乎每天都要去他那里买一盒子弹。

奇怪了，子弹的价格一天比一天贵，邓强没办法，只好骗父母说学校要买学习资料，要来钱，继续买子弹。

几个月的时间邓强就花了好几百元，学习成绩也直线下降。老师发现后，配合相关部门制裁了那个小伙子。经过审问得知，小伙子用同样的方法给爱占小便宜的同学赠送仿真玩具枪，然后通过卖子弹赚了一笔钱。事后，老师没收了邓强的仿真玩具枪，邓强的学习才逐渐有了好转。

这场骗局漏洞百出，小伙子的骗术并不高明，可邓强因贪玩，爱占便宜，警惕性也低，所以上当受骗。

时间倒转，让我们回到模拟情景剧中，假如你是邓强同学，在决定要不要那把仿真玩具枪之前，应该做出如下思考。

分析导引

A 一般情况下，人们不会平白无故地送他人东西，小伙子平白无故地送学生东西，说明他可能有不可告人的目的。

B 送东西给学生，应该送有利于学习的东西，可小伙子送的是仿真玩具手枪，危险性大，而且不利于学习，说明他不是个好人。

C 既然送玩具枪给人家，子弹也应该送；可小伙子只送玩具枪，不送子弹，说明他有别的企图。

判断结论

综合以上分析，可以初步得出一个结论：小伙子诡计多端，是个奸商。

脑洞大开

——选择的对策

第一，拒绝赠送，继续走路回家。

第二，当面就戳穿他的伎俩，并告诫他不要再向其他同学赠送。

第三，接受赠送，拿到证据，迅速告诉爸爸妈妈，也可以秘密报告给警察叔叔或是工商部门的叔叔，请他们来处理。

第四，坚决拒绝，第二天把情况向老师汇报，让老师在学校的广播中提醒同学们，不要上当受骗。

上述四个对策，你会选择哪一个呢？

——优劣解读

假如你选择了第一个对策，有利的方面是：自己不会上当受骗，可以免遭经济上的损失；也不会耽误学习。不利的方面是：不法商贩没有受到工商部门的制裁，他还会去欺骗其他同学，使其他警惕性不高、爱占小便宜的同学上当受骗。

假如你选择了第二个对策，有利的方面是：自己不会上当受骗。不利的方面是：当时由于没有警察叔叔、工商部门的叔叔和老师的帮助，骗子不会轻易听你的告诫；同时还有可能对你实施攻击，危险性大。

假如你选择了第三个对策，有利的方面是：避免了上当受骗和学习上受到影响，既保护了自己还拿到了证据，爸爸妈妈向有关部门报告，让工商部门的叔叔或是警察叔叔把这个不法商贩抓住。

假如你选择了第四个对策，有利的方面是：自己避免了上当受骗，学习上也不会受到影响，而且还会使其他同学在老师的提醒下提高警惕，增强自我保护意识，拒绝赠送。不足之处是：不法商贩不会受到处罚。

同学们，我们再演示一次这个模拟情景剧，在当时的情况下，你会选择哪个对策呢？第三个对策是正确的选择。

用计锦囊

巧妙利用《三十六计》里“李代桃僵”之计，保证自己不上“钩”。

演示用计过程

回到这个模拟情景剧中，邓强应该这样处置。

他说：“我兜里只有1块钱，卖点子弹给我。明天，我再多拿钱来买子弹。”说完，假装高兴地接过枪，买了1块钱的子弹，不让小伙子有任何的怀疑。

“好呀！明天我等你。”小伙子高兴地说。

邓强装作高兴的样子，唱着小曲，转身往“家”走，经过治安岗亭时，立刻进去报告，让警察叔叔来处理这个小伙子。

警察叔叔立刻找到了小伙子，调查取证，并依法对其进行了处罚。

回到家，邓强立刻把事情告诉了爸爸妈妈，爸爸妈妈表扬了他的做法。第二天上学，邓强还主动向老师报告了情况，让老师提醒同学们不要上当，不要接受任何陌生人赠送的礼物。

学生在外面，不能接受任何陌生人赠送的东西。不要把问题看得那么简单，应该善于用分析的眼光看问题，多问几个为什么，要自觉地遵守学校的有关规定，不随便与陌生人交谈，要时刻保持警惕。

写一写，画一画

你增长智慧了吗？

请开动脑筋，图文结合，画出一幅生活中鲜活的防骗漫画。

第十二计

顺手牵羊 揭开真相

微隙在所必乘；微利在所必得。少阴，少阳。

防骗解析

当对方无论是在心理上、思想上还是行动上，或者在其他方面出现疏忽时，应巧妙、迅速、果断地加以利用，同时伺机改变双方所处的地位，使自己处于主动。

学习目的

同学们，在遇到危险情况时，只要留心观察，就能够发现有价值的信息。

同学们应该清楚，“顺手牵羊”之计关键是“顺”和“牵”：“顺”要“顺”得及时和自然，再好的机会错过了时间，也是无用的；“牵”要“牵”得“稳”“准”“快”，不要拖泥带水，以防半路杀出“程咬金”来，断了自己的退路，陷入无底的深渊。

一些有计谋的同学，遇到危险时，为了让自己转危为安，大脑会处于“一级战备”状态，努力寻找求生与保安全的机会。有时，为了人身安全，牵到一只又一只的“肥羊”，甚至不惜舍弃财物，尽力创造一个“牵羊”的环境，让自己由被动转为主动。

下面这个案例是学生因为感冒而导致面色异常，被一位心术不正的老人施用顺手牵羊之计行骗的全过程。驼背老者老奸巨猾，虚张声势，以学生的面相不好为幌子，打出了“顺”字，扰乱同学的心神与思维，借助学生爱父母的心理，让学生进入圈套，心甘情愿地奉献出“羊”（钱）。

被“顺”的同学由于担心父母出事，第一时间没有识破骗

子的诡计，准备回去拿来“羊”。半途中，同学想起了老师讲的安全教育课，突然清醒了，避免了上当受骗。

其实，如果同学平时认真学习《三十六计》，掌握了顺手牵羊之计的真正含义，明白了“顺”与“羊”的关系，知道了陷阱与深坑往往隐藏在后面，就会保持清醒，无论骗子如何忽悠，你也能一眼看清楚骗局的来龙去脉，避免上当受骗。

模拟情景剧

一天中午，感冒的蒙蒙走在上学的路上，路过一个自由市场时，突然一个驼背老者向她走过来，他低声跟她说：“小同学，你们家最近要有大灾难呀！让我好好给你看看相，好吗？我能给你家消灾。”

天生胆小的蒙蒙惶恐地问：“爷爷，我家有什么灾难呀？”

驼背老者神秘地说："你的印堂发暗，你妈妈要有血光之灾。想不想免去你妈妈的血光之灾呀？"

蒙蒙被老者的话吓哭了，急忙说："想，想，可我该怎么办呀？"

驼背老者更加神秘地说："你妈妈的灾难，只有请天上的'二郎神'下凡，才能解除。这件事情，你对谁也不能讲，讲了就泄露了天机，'二郎神'就会生气。"

"怎么才能让'二郎神'下凡呀？爷爷您快想办法呀。"蒙蒙着急地说。

驼背老者故弄玄虚，掐着手指头，嘟囔着说："我送你一把袖珍桃木宝剑，但是光一把桃木宝剑的法力不够，你拿200元钱出来，再买一个护身符，就能驱除邪恶了。"

"好，好，我买，我买，我回家拿压岁钱……"为了不让妈妈有灾难，蒙蒙快速接过袖珍桃木宝剑，边说边往家跑。

跑到半路，蒙蒙突然想起科普课上老师讲的科技知识，好像明白了什么，立刻进行了思考。

分析导引

A 感冒的人面色肯定不好，驼背老者说我印堂发暗，其实是感冒造成的，与妈妈的血光之灾没有什么联系。他在恐吓我，利用我感冒、面色不好，想顺手牵我这个大"羊"。这说明驼背老者居心叵测。

B 驼背老者说能消灾，可是他自己是驼背，他怎么不先给自己“消灾”呀？驼背老者可能另有图谋。

C “二郎神”是一个神话人物，现实中并不存在，驼背老者说请“二郎神”，说明他在撒谎。

D 驼背老者说这件事情对谁也不能说，说了“二郎神”就会生气，这进一步说明驼背老者在胡说八道，是在恐吓人。

判断结论

以上分析与推理说明驼背老者别有用心，贪图钱财。

脑洞大开

——选择的对策

第一，对于驼背老者的话，不听、不信、不怕，对于白送的袖珍桃木宝剑根本不予理睬，继续上学。

第二，不听信，迅速报告工商部门或是派出所的警察叔叔，请他们来处理。

第三，把情况向老师、妈妈和爸爸报告，请他们帮助解决。

第四，相信驼背老者的话，偷偷地拿出200元钱，买一个护身符。

同学们，假如你遇到了这种情况，上述四个对策，会选择哪一个呢？

用计对比

——优劣解读

假如你选择了第一个对策，有利的方面是：你不会上当受骗。不利的方面是：驼背老者的封建迷信活动没有被有效制止，他还会继续恐吓其他同学。

假如你选择了第二个对策，工商部门或警察叔叔接到报案后，会迅速进行处理，彻底制止封建迷信的传播。

假如你选择了第三个对策，老师、妈妈和爸爸会及时安慰你、保护你，同时还会向有关部门报告。有关部门会迅速采取措施，制止封建迷信活动。

假如你选择了第四个对策，那么你不仅会上当受骗，而且会在精神上形成沉重的包袱，对你的心理健康十分不利。另外，客观上还会助长封建迷信的传播。

同学们，让我们看看蒙蒙会选择哪个对策。

用计锦囊

运用“顺手牵羊”之计，保证自己不被骗。

演示用计过程

蒙蒙飞快地跑到附近的派出所，报告了警察叔叔。根据蒙蒙描述的驼背老者的特征，警察很快在自由市场附近发现了驼背老者。

当警察站在驼背老者面前时，驼背老者吓得站都站不稳了，老老实实地承认了假装看相，编造谎言恐吓学生的事实，其目的是骗取钱财。

针对驼背老者的违法行为，警察对其进行了处罚与教育。

防骗警示语

封建迷信对社会的危害很大，同学们要自觉地抵制。切不可被其蛊惑，更不能参与封建迷信活动。要养成分析问题的好习惯，多学习科学技术知识，提高辨别真伪的能力。当遇到突发事件时，应及时向家长、老师、警察叔叔报告，不要自己擅自做主，以防被坏人利用。另外，平时要保管好东西，不能乱放。

写一写，画一画

你增长智慧了吗？

请开动脑筋，图文结合，画出一幅生活中鲜活的防骗漫画。

后记

这本书的完成，得到了经验丰富的郑玉总经理与杨勇总经理的大力支持与推荐，得到了中国经济出版社编辑老师的大力帮助，特别得到了初审编辑与责任编辑陈瑞老师的具体指导，并得益于出版社负责校对的老师们的精细润笔。特此向以上各位编辑、老师表示衷心感谢。

为了加强学生的自我保护意识，掌握分析问题的基本技能，笔者从现实生活中选出了 36 个具有代表性的安全与防骗的案例，通过对案例的分析、判断与处理，使学生逐渐提高分析、判断与推理能力，提高逻辑思维能力，学会判断，学会正确处理突发状况的基本方法，更好地保护好自己。

本书在创作过程中，参阅了多版本的《三十六计》《三十六计新编》，特此向编者、译者表示感谢。

作者　李澍晔　刘燕华

2022 年 6 月 16 日于北京郊区老房子

读国学伴你智勇双全

青少年智谋防骗36计 中

李澍晔 刘燕华 著

中国经济出版社
CHINA ECONOMIC PUBLISHING HOUSE

图书在版编目（CIP）数据

青少年智谋防骗 36 计：上、中、下 / 李澍晔，刘燕华著 . -- 北京：中国经济出版社，2023.3

ISBN 978-7-5136-7212-2

Ⅰ . ①青… Ⅱ . ①李… ②刘… Ⅲ . ①诈骗 – 鉴别 – 中国 – 青少年读物 Ⅳ . ① D669.8-49

中国国家版本馆 CIP 数据核字（2023）第 017792 号

责任编辑 陈 瑞

责任印制 马小宾

封面设计 宸唐工作室

插图作者 邹丽丽

出版发行 中国经济出版社

印 刷 者 三河市天功达印刷有限公司

经 销 者 各地新华书店

开　　本 710mm × 1000mm 1/16

印　　张 23.75

字　　数 284 千字

版　　次 2023 年 3 月第 1 版

印　　次 2023 年 3 月第 1 次

定　　价 150.00 元

广告经营许可证 京西工商广字第 8179 号

中国经济出版社 **网址** www. economyph. com **社址** 北京市东城区安定门外大街 58 号 **邮编** 100011

本版图书如存在印装质量问题，请与本社销售中心联系调换（联系电话：010–57512564）

前言

《三十六计》是根据中国古代军事思想和丰富的斗争经验总结而成的兵书，是中华民族历史悠久的非物质文化遗产之一。《三十六计》又叫《三十六策》，成书于明清时期，是被人们誉为“益智之荟萃，谋略之大成”的奇书。①

近年来，针对少年儿童的诈骗案件时有发生，青少年上当受骗的原因主要有年龄小、思想单纯、防范意识薄弱、贪慕虚荣、遇事不够冷静、交友轻率等。我们希望借此书教会孩子自我保护，提高心理素质，以适应纷繁复杂、竞争激烈的社会环境，使涉世未深的少年儿童做到遇事不惊、

---

① 参阅了《三十六计新编》，战士出版社出版（1984 年 1 月更名为解放军出版社），1981 年 8 月第 1 版。

参阅了《孙子校释》，军事科学出版社出版，1991 年 6 月。

处事不乱，保持清醒的头脑，确保自己的人身和财产安全。

为了进一步传承和弘扬中华传统文化，增强少年儿童的防骗、防拐意识，笔者特将生活中的案例和《三十六计》中的谋略相融合，设计了防骗解析、学习目的、模拟情景剧、分析导引、判断结论、脑洞大开等智慧版块，运用《三十六计》里的逻辑推理、逆向思维等韬略，启发、引导少年儿童改变原有的思维模式，识破骗子的“坑”“蒙”“拐”“骗”“诈”等诡计，逐步学会并善于冷静思考，在细微处发现破绽，从而采取及时的行动和正确的处置方式，避免上当受骗。

笔者在行文中，并没有从军事角度解释《三十六计》中的每一计，而是将青少年防骗时可以利用的点引申，详细解说，以便孩子们练就防诈骗、反诈骗的自我保护心理，提高防范意识，在今后的学习和生活中擦亮眼睛，做到“害人之心不可有，防人之心不可无”。

所有的爸爸妈妈都希望自己的孩子能健康快乐、无忧无虑地成长，可当孩子遇到突发事件时，他们该怎么应对、

怎么处理？我们无法保证时刻陪伴在孩子身边，那就得培养他们自我保护的能力。阅读这套智慧的《青少年智谋防骗 36 计》图书就是一个很好的选择。

此书应在家长的指导下阅读，正确理解文中所建议的方法。千万不能断章取义，应认真把每个案例读完，才能找出最合适的应对方法。

李澍晔　刘燕华

于北京郊区老房子

2022 年 6 月 16 日

写给家长与孩子们的话

——《三十六计》的那些事

当您翻开《三十六计》时，仿佛走进了斗智斗勇的战场，看似平静如水、万里无云，实则暗流涌动、风起云涌。现在全社会提倡“读书好、好读书、读好书”，在阅读中增长知识，提高自己的素质，因此，希望读者在读《三十六计》时，注意以下六个方面的问题，真正悟出《三十六计》的内涵与真谛。

第一，要知道它是一本什么内容的书。《三十六计》是一本专门讲军事谋略的兵书，拿起此书时，你仿佛走进了一幅宏大、惊心动魄的历史画卷之中。每计所含内容多属古代兵家诡异秘术，可以说它是集兵家之诡道、融谋略之精华的“海洋”，处处充满着“诡秘”二字。

第二，全书是如何划分的呢？全书分六套，即胜战计、敌战计、攻战计、混战计、并战计、败战计。每套计又各分为六计，共三十六计。每一计都有无数战争画面显现出来，只要你细心，就会看见躲在黑暗中的“眼睛”……

第三，《三十六计》有什么特点呢？其内容简单却透露着复杂，复杂中蕴含着简单。每一计基本上都用人们熟知的成语来命名，耳熟能详，朗朗上口，便于记忆，易于理解。

第四，仔细阅读《三十六计》原文，读者会慢慢发现三十六计与《易经》有着密切的关系，分析其中的任何一计，多数解释用语都是选用《易经》中的词语，而《易经》本是殷周时代一部占卜吉凶祸福的筮书。它以矛盾对立的阴阳两性组成八卦，即乾、坤、震、巽、坎、离、艮、兑八种类型，分别象征天、地、雷、风、水、火、山、泽八种构成宇宙的基本物质；以八卦相互重叠组合，即为六十四个别卦，并推出三百八十四爻。就是说读懂了《三十六计》，也就顺便学习了《易经》的部分知识。但是透过现象与形式，从《易经》中卦辞和爻辞对吉凶的推理解释，可以看出朴素的唯物论和辩证法的思想。在生死攸关的军事斗争中，《易经》对于战争这一社会现象已有初步的认识。据说我国古代著名的军事家、谋略家，如姜子牙、孙武、孙膑、李斯、张良、韩信、诸葛亮、曹操等，都是精通《易经》的大智者，并用于军事，运筹于帷幄之中，决胜于千里之外。

第五，《三十六计》是一部流传甚广的军事哲学奇书战策，里面蕴含着朴素的、奥妙无穷的军事辩证法。《三十六计》借用《易经》中的阴阳变理、数术计算，推演成兵法的刚柔、奇正、攻防、你我、虚实、主客、劳逸、内外等对立关系的互相转化，每一计都隐含着天地万物的变化规律，遵循天时、地利与人和的朴素道理，如果能去其糟粕、取其精华，领悟其中的奥秘，会使人如醍醐灌顶，智慧的种子就会在心中扎根、开花、结果。

第六，家长与同学们要辩证地学习《三十六计》，抛弃一些糟粕，吸收其精华。事实上，古人讲三十六计，并不是

说军事计谋只有三十六个，战争史上对军事计谋的运用千奇百怪，不胜枚举。

尊敬的家长与同学们，学习了《三十六计》，有了无数计谋之后，千万不能利用《三十六计》干坏事，要利用《三十六计》保护自己、保护亲人、保护同学。

目录

Contents

第十三计

打草惊蛇 破除迷信

疑以叩实，察而后动；复者，阴之媒也。

防骗解析

“打草惊蛇”比喻采取机密行动时，不慎惊动了对方。也可采取佯动等策略，引诱对方暴露。

可以故意散布一些言语，或摆出阵势惊吓对手，给对手以巨大的心理压力，使其失去自主思考和判断的能力，难以做出明智的判断或正确的选择，从而在惊恐中失去主动。

学习目的

一些读过《三十六计》的学生在遇到比较棘手的意外问题时，为了使自己的安全有保证，不被讹诈与伤害，经常巧妙地使用此计，惊吓对手，使对手产生恐惧心理，无奈之下答应自己提出的合理要求，确保自身的安全。

需要提醒同学们的是，听到别人编造出来的故事，一定要冷静，自己不能“惊”起来。

同学们要睁大眼睛，竖起耳朵，认真看、珍惜听，在细微处辨别骗子的“惊”与“草”，知道骗子“惊”什么？“蛇”是谁？务必做到心中有数，千万不要走进骗子设计的圈套。

模拟情景剧

个体服装店老板马某，由于没有进行必要的市场调查，盲目购进了数千件印有“天兵天将”图案的文化衫，结果半个月也没卖出几件，急得他坐立不安，挖空心思想出了一计。他故

意大肆宣传说：“今年闰月，将有大灾、大难、大祸降临，专克8~16 岁的学生，如不听命，必遭不测。”并声称这种大灾，一般的神仙是控制不住的，只有“天兵天将”才能将其镇住。

这一招还真灵，附近的家长和学生都想图个吉利，纷纷来马某的服装店购买文化衫。几天的工夫，数千件文化衫就都卖出去了，兴奋得马某几天睡不着觉。

可是，穿了这种文化衫后，学生们发现不仅文化衫掉颜色还出现了皮肤瘙痒等情况，有人对文化衫做了检验，发现文化衫上的图案是用伪劣染色剂制作的，对身体有害。

其实，马某的骗术并不高明，只不过是利用了一些学生与家长胆小、图吉利、追时髦的心理，故意散布一个既没有科学道理又极其阴险的谎言，使一些学生在心理上产生了极大的压力，趁机下黑手——骗销和赚钱。

假如你是这些学生中的一员的话，在当时的情况下就该用现代知识辨别一下传言真伪，保持镇定，并进行如下思考。

分析导引

A

闰月是为了弥补因人为历法规定而造成的年度天数与地球实际公转周期的时间差而设立的，并不是什么特殊的日子，不可能有什么大灾、大难与大祸。

B

科学技术发展到今天，人类对大自然灾难的预测已经达到了相当高的水平。官方没有预测出地球上有大灾、大难和大祸，说明说这话的人在造谣或另有所图。

C　人类认识和改造大自然的能力已经达到了相当高的程度，假如人类真的有大灾、大难，一定要相信并利用现代的科学技术去战胜它。

D　谁都知道“天兵天将”是神化、虚构的人物，很明显说此话的人别有用心。

E　假如地球上真有大灾、大难、大祸，现代的科学技术无法阻止时，那么无论是谁都躲不过去，谣言只针对 8~16 岁的学生，明显是在说谎。

F　中国神话中有许多的神仙，消除大灾、大难，难道只能靠“天兵天将”吗？很明显，说谎的人才是真正的“灾”“难”与“祸”的化身。

判断结论

以上分析与思考说明散布谣言的人是别有用心的。

脑洞大开

——选择的对策

第一，对于此谣言，应该不听、不信，不予理睬。

第二，向有关部门报告，请有关部门调查是谁在造谣。

第三，表面上听信，待查清造谣人的真实目的后，迅速报告工商部门或是派出所。

第四，听信谣言，随同学们一起买。

同学们，假如你遇到这种情况，上述四个对策，你会选择哪一个呢？

用计对比

——优劣解读

假如你选择了第一个对策，有利的方面是：你不会上当受骗。不利的方面是：造谣者的阴谋没有被戳穿，可能会使其他警惕性不高的同学受骗。

假如你选择了第二个对策，有关部门接到举报后，会迅速进行调查处理，并会通过各种途径告诉同学们不要听信谣言，要相信科学。

假如你选择了第三个对策，有关部门接到举报后，会迅速准确地直捣造谣者的“老窝”，彻底消除隐患。

假如你选择了第四个对策，那么你不仅会上当受骗，而且精神和心理上会产生阴影，对你的成长十分不利；同时还会助长骗子的嚣张气焰，间接地起到传播谣言的作用。

同学们，我们再演示一次模拟情景剧，在当时的情况下，你会选择哪个对策呢？下面让我们选择第三个对策，开展一次抓造谣者的行动。

用计锦囊

识破《三十六计》里的“打草惊蛇”之计，保持高度警惕，不被惊吓，不被骗，确保人身安全。

演示用计过程

同学们可以假装听信了他的话，悄悄地记住他的服装店的位置，然后报告警察叔叔或是工商人员。另外，还要把此事告诉家里人，得到家人的保护。

防骗警示语

现实生活中，经常能听到某年、某月或是某个属相不吉利，某样东西又要涨价了，某样东西快脱销了等谣言，这时你一定要仔细分析与观察，切不可盲目听信，人云亦云。一是应自觉地做到不听、不信、不传那些无根无据的话。二是要养成多听广播、看电视新闻和报纸的习惯，提高辨别真伪的能力。三是当遇到自己拿不准的事或信不过的话，可主动去有关部门咨询，弄清楚后再行动也不迟。四是用科学知识武装自己，用唯物主义的观点来看问题，做到不因“乱”而动“心”，不因“乱”而丧“志”。五是可以主动向爸爸妈妈、老师、请他们指导。

写一写，画一画

你增长智慧了吗？

请开动脑筋，图文结合，
画出一幅生活中鲜活的防骗漫画。

第十四计　借尸还魂　擦亮眼睛

有用者，不可借；不能用者，求借。借不能用者而用之，匪我求童蒙，童蒙求我。

防骗解析

利用已经灭亡、消失，或根本不存在的人或物，选取其具有吸引力的部分，巧妙地将其改头换面，精心包装后，为我所用，迷惑、诱导，或攻击对方，使自己由被动变为主动，改变对方原有的思维和判断，使其思想朝着有利于己方的方向发展。

学习目的

此计深含谋略之精髓，紧急情况下，为了保证人、财、物的安全，同学们要擦亮眼睛，及早识破骗子。

平时，同学们应该多学习一些历史、天文、旅游、地理、文学和心理学知识，多了解一些民间传说，判断出骗子在“尸”上做文章的把戏与花样，善于把传统与现代结合起来，不被骗子渲染的虚幻的人或物所迷惑，不被“魂”所吓倒，令骗子的诡计无法实现。

同学们要知道，现在的骗术隐蔽性较强，遇事务必要保持清醒的头脑，多问几个为什么，提高警惕。因为骗子经常使用此计骗人。

模拟情景剧

某乡无照经营鞭炮的郑某，由于对本地的鞭炮需求情况掌握不准，临近春节时进购了数十万元的1000头装的鞭炮，计划在年前大赚一笔。谁知，当地人不认可他这种1000头的长

挂鞭炮，到了正月十五，也没卖出去多少，急得他每日睡不好、吃不香。

一天，听说不远处的河里有一个偷偷跑出溜冰玩的9岁小学生不慎失足落水被淹死了，很多人跑去看，他也去了，只见死者全身僵硬地躺在那儿，家里人伤心欲绝，众人无不惋惜。又听旁边的几个老太太正悄声地议论说“可能是龙王收童男童女了”，就在心里打起了鬼主意。

回家后，他躺在床上翻来覆去地想着这事，猛然一个生财的歪招在他的脑子里产生了。他赶忙起来，打印了数百张传单，连夜张贴在十里八村一些主要道路两旁的树上或电线杆上，特别是学生们的必经之地。

第二天，一条流言在全乡飞快地传播开来：“昨天，滑冰时被龙王收走的同学变成了水鬼，永远不能离开这条河，并且奉龙王旨意来抓人，凡经过此河的学生，都有被抓走的可能，切记在阴历二月二日 12 时 12 分，河边放 12 挂 1000 头的长鞭炮，这样才能将水鬼吓走，永保平安。”

这一下，许多胆小没有主见的孩子的家长，争着去买鞭炮，因为别人那儿没有这种 1000 头的长鞭炮，只能去郑某那儿买。

郑某高兴得手舞足蹈，因为他受益最大，赚得盆满钵满。

四年级学生刘丽霞看到传单后，觉得这是个骗局，没有让父母去买，并做出了如下分析。

分析导引

A 滑冰溺亡事故纯属意外事件，与龙王没有任何关系，是写传单的人别有用心。

B 老师常讲，世界上根本没有鬼魂，传单上所说水鬼抓人，必定是写传单的人不怀好意，是危言耸听。

C 自然科学课里讲过，龙是传说中的一种动物，根本就不存在，“龙王”只是神话传说中的人物，更不可能存在了。

D 传单上说滑冰淹死的学生变成了“鬼”，谁看见了？既然没人看见，说明写传单的人在胡编乱造。

E 假如真有龙王的话，龙王的本事那么大，还怕几挂鞭炮吗？既然不会怕，那么放鞭炮又有什么用呢？

判断结论

综上分析，说明写传单的人一是说谎，二是想把鞭炮卖出去，捞取不义之财，得出的结论是：不法商贩借机赚钱。

脑洞大开

——选择的对策

第一，不听信谣言，自己不去购买，同时阻止家长去购买。

第二，立刻把传单交给有关部门来处理。

第三，自己找到不法商贩，指出他的不法行为。

第四，告诉老师，让老师教育其他学生不要上当受骗。

上述四个对策，你会选择哪一个呢？

——优劣解读

假如你选择了第一个对策，有利的方面是：自己的思想不会受到任何干扰，经济上不会受到损失。不利的方面是：不法商贩仍然存在，会给社会和其他警惕性不高的家长或学生带来不良影响。

假如你选择了第二个对策，自己不会受到任何影响，经济上也不会受到损失，有关部门接到报案后，迅速出击，查抄这个不法商贩，潜在的危害就会消除。

假如你选择了第三个对策，有利的方面是：不法商贩的阴谋会当众被你揭穿，一定程度上能够阻止其他同学和家长上当受骗。不利的方面是：商贩受到惊吓后，一是会隐蔽起来，变得更加狡猾；二是会与你产生冲突，甚至会采用凶残的手段对付你，而你的体力根本不能够与之对抗，后果不堪设想。

假如你选择了第四个对策，有利的方面是：自己不会受到影响，安全有了保证，老师了解到不法商贩的阴谋后，会教育学生们提高警惕，能够防止更多的学生上当受骗。不利的方面是：如果老师忽略了向当地公安部门或是工商部门报告，隐患还是消除不了。

同学们，在当时的特殊环境下，你会选择哪个对策呢？让我们看看刘丽霞是怎么选择的。

用计锦囊

识破《三十六计》里的“借尸还魂”之计，坚定信念，不受任何干扰，不上当受骗，设法揭发并抓住这个不法商贩。

演示用计过程

刘丽霞迅速从一根电线杆上撕下一张传单，飞快地送到乡政府，政府领导非常重视此事，立刻带领执法人员查处了郑某的黑窝点，平息了谣言，稳定了人心。晚上，刘丽霞主动把情况告诉家长，家长及时表扬了她，并加强了对她的保护。

第二天，乡政府的工作人员主动走进学校，当众表扬了刘丽霞警惕性高、不迷信、有自我保护意识的品质。

防骗警示语

生活中类似的骗局可能还会遇到，比如：某年某个属相不好，要戴某种护身符；闰几月不好，要扎红腰带；本命年要穿红背心，等等。因此，要时刻牢记以下警言：一是相信科学，破除迷信，不被心术不正的人所利用；二是善于审时度势，不人云亦云，要有主见和自己的判断；三是要理智地分析谣言制造者的真正用心和目的，并寻找机会揭露骗子的阴谋；四是要多看新闻，相信政府，不听信小道消息。

写一写，画一画

你增长智慧了吗？

请开动脑筋，图文结合，
画出一幅生活中鲜活的防骗漫画。

第十五计 调虎离山

眼观六路

待天以困之，用人以诱之，往蹇来返。

防骗解析

等待时机，或主动创造条件，连续调动对方，消耗对方体力精力，使其疲于奔走，无险可依、无势可守、无人可靠，陷于被动境地，而后伺机下手，或借势反击。

学习目的

同学们应该知道，此计的奥妙之处就是借用假象或其他手段，或巧妙创造条件，使对方的思维发生改变，丧失优势和主动性，变成不堪一击的“弱”者。

现实生活中，一些没有读过《三十六计》的同学，头脑中的谋略少，往往会过高地估计自己的实力，低估对手，结果在遇到危险时，慌乱无主张，吃亏不小。

一个心理素质稳定的学生，应敢于正确分析、判断自己，找出自己的不足，而后积极地创造外部条件，变劣势为优势，做到以己之长，击彼之短，使自己处于主动地位，摆脱危机。

掌握《三十六计》谋略的学生，很多都是运用“调虎离山”之计的高手，他们很有谋略思想，在自己处于不利的局面时，能够想出许多“高招”，化险为夷，保证自己的人身安全不受侵害。

一天下午 4 点多，琪琪放学了，她把钥匙挂在脖子上，背着书包往家走。她边走边背诵着英语单词，不知不觉中进了小区，快到自己家的单元门口时，她的鞋带开了。低头系鞋带时，

她意外发现一个戴墨镜的男子跟在自己后面。那个男子见琪琪突然停下来，立即转过身去，显得有些紧张。

琪琪也没有想太多，起身继续朝单元门口走去，刚要进单元门，眼睛的余光发现那个戴墨镜的男子也紧走几步，跟了上来。琪琪立刻警觉起来，因为她想起了老师讲的安全教育课：遇到有人跟在身后进门时，要提高警惕，甩掉“狼”。

于是，她马上改变了进门的主意，转身朝另外一个楼走去，并不时地用余光看戴墨镜的男子。她发现戴墨镜的男子仍然跟着她，这时琪琪心中有了数，拿出毽子假装踢着玩，边踢边向小区保安处移动，同时进行了如下思考。

分析导引

A 此时已是冬天，下午4点多，太阳光线已经不强了，一般的人不应该戴墨镜，这个男子戴着墨镜，很可能有问题。

B 正常走路的人不会因为前面的人停下来而突然转身，这名男子在我蹲下系鞋带时，突然转身，而且显得不自然，说明他形迹可疑。

C 我朝单元门走，他紧跟几步；我改变方向，他也改变方向，仍然跟着我，这进一步说明男子可疑。

判断结论

经过上述分析，琪琪得出了一个初步判断：男子可能是尾随自己入室的抢劫犯。

脑洞大开

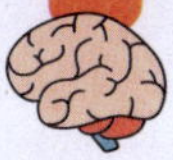

——选择的对策

第一，不进单元门，不开防盗门，走到楼前人多的地方躲起来，等爸爸妈妈回来处理。

第二，不进单元门，不开防盗门，到楼前人多的地方，告诉邻居叔叔阿姨、爷爷奶奶，请他们帮忙。

第三，不进单元门，不开防盗门，走到小区保安值班室或居委会，及时说明情况。

第四，立刻大声呼喊：“抓坏人呀！抓坏人呀！……”

第五，快速进单元门，开防盗门。

同学们，如果你是琪琪的话，上述五个对策，你会选择哪一个呢？

用计对比

——优劣解读

假如你选择了第一个对策，有利的方面是：安全有保证，不会受到坏人攻击。不利的方面是：爸爸妈妈回来早了还好，如果回来晚了，甚至邻居们都不在家怎么办？潜在的危险依然存在。

假如你选择了第二个对策，你的安全有了保证，邻居们会把你保护起来，并积极采取措施，设法报警，制服可疑的尾随人。

假如你选择了第三个对策，你的安全有了保证，保安或居委会的叔叔阿姨会保护你的人身安全，及时采取措施，抓住可疑的尾随人。

假如你选择了第四个对策，有利的方面是：男子会受到惊吓，并以最快的速度逃离现场。不利的方面是：男子如果穷凶极恶，与你拼命，后果不堪设想；如果男子逃跑了，潜在的危险依然存在。

假如你选择了第五个对策，这正是戴墨镜男子所希望的，他会趁四下无人，紧追几步，在你开防盗门的瞬间，突然下黑手，后果更是不堪设想。

同学们，如果你遇到了类似的情况，会选择哪个对策呢？下面我们看看琪琪的选择。

用计锦囊

巧妙运用《三十六计》里的“调虎离山”之计，密切观察尾随的可疑之人，坚决不让戴墨镜的男子缠住，借助环境，寻找机会适时地向邻居、保安求救，确保人身安全。

演示用计过程

为了不惊动尾随的可疑男子，琪琪不紧不慢地边踢毽子边移动，到了小区的保安处，大声向保安呼喊：“抓坏人……”

几位保安听见喊声，一位保护住琪琪，另外几位迅速出击，抓住了这个尾随的可疑男子并报警，经过审问与搜查，警察发现这名男子的身上藏着锋利的刀具，他是一个流窜的入室盗窃犯，是琪琪挂在脖子上的钥匙把他吸引过来的。

学生最好不要把钥匙挂在脖子上，以防被坏人发现。如果是一个人放学回家，应该注意观察身后有无人跟随，特别是快要进入单元门口时，要认真观察，确信没有可疑之人尾随后，再进门也不迟。如果发现有可疑之人尾随，应不进门，要设法去楼前人多的地方，请求邻居帮助。如果进楼后发现楼内有可疑之人徘徊，要提高警惕，不要轻易开门，应该迅速返回，请求保安或者邻居帮助，也可以打电话告诉爸爸妈妈。

写一写，画一画

你增长智慧了吗？

请开动脑筋，图文结合，画出一幅生活中鲜活的防骗漫画。

第十六计 欲擒故纵 见好不争

逼则反兵；走则减势。紧随勿迫，累其气力，消其斗志，散而后擒，兵不血刃。需，有孚，光。

防骗解析

主动创造机会，通过一系列的安排与部署，装出一副漫不经心的样子，减弱对方的防范意识或警惕性，待对方出现破绽时，轻而取之。此计有“放长线，钓大鱼”的意思。

学习目的

同学们应该知道，“纵”的目的不是无的放矢，而是有明确主线，有把握控制的。千万不能因为“纵”而偏离了主线，偏离了可控区域，否则将会“竹篮打水一场空”。

“擒”是在摆脱对方控制，保证自己的人身安全的基础上，让其束手就擒。

一些聪明的、深知《三十六计》中“欲擒故纵”之计的学生，为了在困境中变被动为主动，避免受到伤害，通常会使用此计，赢得求生机会。

平时，同学们务必要保持清醒，不能贪玩，时刻睁大眼睛，识破隐藏的坏人。因为坏人有时也用此计骗人。

模拟情景剧

某市个体游戏厅老板张某，为了招揽更多的生意，天天在门口寻找“目标”。一天下午，他看见一个小学生放学路过，便上前拦住小学生，假装热情地说：“小朋友，想不想玩游戏机啊？”

小学生面带难色地说："想！可我身上没有钱，怎么好意思玩呢？"

张某一听，装出一副大方的样子，说："都是朋友，说钱没意思。"说完，他把小学生拉进了游戏厅免费让他玩。

这个小学生进了屋，发现里面已经有几名与他年龄相仿的学生正在兴高采烈地玩。

老板"热情"地给他介绍各种游戏，他一玩就上了瘾，一口气玩了两个多小时，临走时老板笑眯眯地说："明儿再来，我还免费。"

第二天，小学生放学后，一路小跑地又进了游戏厅。如此五六次老板还真没有收他的钱。小学生心说："这个老板还真够朋友。"

第七次，小学生如往常一样正要进游戏厅的门，老板却一反常态，拦住了他，装出一副无可奈何的样子说："朋友，现在房费、电费全涨价了，我也开销不起了，从今天开始，你要是想玩，就得拿钱了。"

小学生一听，想转身回去，可玩游戏机的吸引力实在太大了，他略一思索，飞快地跑回了家，把自己的压岁钱拿来，交给了老板，又高兴地玩了起来。

后来，小学生又三天两头地找爷爷奶奶、爸爸妈妈要钱，谎称学校统一买这个教材、买那个辅导材料，仅半年的时间，就花去了1000多元，学习成绩急速下降。新学期开学时，由

游戏厅

于各门功课都不及格，不得不留级。

后来，学校发现了这个游戏厅老板张某的不法行为，立刻打电话举报，引起了公安部门与工商部门的重视，并在一次突击检查中，把这家游戏厅查封了。原来这个老板张某以同样的手段，经常诱骗警惕性不高的小学生，涉案金额高达数万元。

这个骗局，本来不复杂，但由于不法之人张某把“目标”放在了分辨能力差的小学生身上，因而总能轻松得手。

同学们遇事一定要多留个心眼儿，社会是复杂的，要善于分析与判断，要敢于多问几个为什么。

假如你是这个小学生的话，在当时的情况下，就应该想到“欲擒故纵”这一计，而后进行如下思考。

分析导引

A 政府“三令五申”游戏厅不能让学生入内，可张某不执行政府的规定，专门引诱小学生，说明他违法经营、图谋不轨。

B 那些有不良企图的老板，是不会免费让小学生消费的；张某免费让小学生进入游戏厅，说明他另有所图。有良心的老板，不会引诱小学生玩游戏。

C 一次免费还有可能，但张某接二连三地不收小学生的钱，就值得怀疑了。很显然，其目的就是引诱小学生玩游戏上瘾。

D 早不要钱，晚不要钱，恰恰在小学生上瘾时再要钱，这说明张某是个狡诈的老板。

判断结论

以上分析与推理说明张某的游戏厅是赚黑钱的，他是个不法商贩。

脑洞大开

——选择的对策

第一，对于张某的“邀请”不予理睬，继续走路回家。

第二，当面指出张某的不法行为，让他承认错误，少打学生们的主意。

第三，走开后，在安全有保证的前提下，马上告诉爸爸妈妈，或打电话向有关部门举报，请有关部门来处理。

第四，先假装高兴的样子进去玩一下，而后把情况搞清楚，掌握了证据再向老师、公安机关或是工商部门报告。

同学们，假如你是那个小学生的话，上述四个对策，你会选择哪一个呢？

用计对比

——优劣解读

假如你选择了第一个对策，有利的方面是：自己不会误入歧途，不会上当受骗。不利的方面是：张某的不法行为没有被揭穿，他可能会继续去诱导其他同学，给其他同学造成伤害。

假如你选择了第二个对策，有利的方面是：自己不会上当，还在一定程度上给不法老板以威慑。不利的方面是：张某可能不会那么容易改邪归正，兴许他会变得更加狡猾和隐蔽，也可能会伤害你，后果难以预料。

假如你选择了第三个对策，可以避免自己上当，有关部门接到你的举报后，会迅速出击检查张某的经营情况，会对张某做出相应的处罚。

假如你选择了第四个对策，有利的方面是：自己不会上当受骗，还能把情况搞清楚，掌握足够的证据后，警察叔叔、工商部门的叔叔、老师就会联合起来，一举将其“歼灭”，潜在的隐患就会彻底消失。不利的方面是：你进入了不该进入的场所，万一里面有陷阱或者有其他的阴谋，后果难以预料。

同学们，我们再演示一次这个模拟情景剧，在当时的特殊环境下，假如你是那个小学生，你会如何做呢？

假如你选择的是第三个对策，让我们一起模拟一下行动过程吧。

用计锦囊

识破《三十六计》里的“欲擒故纵”之计，确保自身安全，绝对不踏入游戏厅半步，快速离开，确保人身安全。走到安全地点，悄悄把情况报告给有关部门，把老板的阴谋戳穿，以防他再去误导和坑害其他学生。

演示用计过程

听到邀请后，小学生高兴地说：“谢谢叔叔了，我太想玩了。可是我今天有活动，妈妈一会儿带我去上课外班，以后再来玩儿。再见！”说完，迅速离开，并及时到派出所把情况报告给警察叔叔。警察叔叔一定会上门查问情况，这时的张某就是再狡猾，也没有办法了。

另外，要把情况告诉家长，让家长对你加强保护。

防骗警示语

类似的骗术，在学生们身边经常能遇到，只不过是样子更新一些，情况更复杂一些。那么，生活中如何去识破这种骗术呢？一是用发展的眼光看问题，学会把多件事联系在一起看，这样就会发现许多疑点。二是当发现别人诱导你做什么，你有上瘾的倾向，要及时停下来，万不可再陷进去。三是不该占的便宜，不占；不该要的东西，不要；不该拿的东西，不拿。四是当有人不断给你方便和便宜时，应谨慎对待，要记住好事不是白来的，便宜也不会是白占的，迟早会付出代价。

写一写，画一画

你增长智慧了吗？

请开动脑筋，图文结合，画出一幅生活中鲜活的防骗漫画。

第十七计 抛砖引玉 毫不畏惧

类以诱之，击蒙也。

防骗解析

故意把小“甜头”给对手尝，或是把“样板”给对方看，并巧妙地让对方认为“甜头”是真的，“样板”也是真的，接着利用一切外部与内部条件，采取诱导力极强的手段与措施，让对手确信无疑，并按照预定的设计思路去推动，以便获取更大的利益和好处。

学习目的

一些读过《三十六计》的学生，遇到危险或陷入困境时，经常使用此计，化险为夷、安全脱身。他们会千方百计、毫不吝惜地把“砖”抛出去，而后寻找机会，巧妙地收回“玉”，确保人身与财物安全。

同学们注意，“抛砖”时，一定要根据不同的人的性格、文化特征，以及所处的时间、地点，区别对待。

“抛”要有明确的目的性，“抛砖”要有耐心，不能急于求成，更不能暴露真实目的。“抛砖”的前期、中期与后期，均要进行伪装与保护，要精心选择实施“抛砖”的人，这个人很关键。无论怎么“抛砖”，务必要注意抛出去的“砖”是真实的、客观存在的，以免对手生疑。

“引玉”是一个自然的过程，既不能操之过急，也不能过缓，不要太贪心，更不能在时机尚不成熟时，强行去“引玉”，那样将会造成前功尽弃的结局。

模拟情景剧

一个星期天的下午，雯雯去超市买东西。她挑选了一些学习用品，在收银台交完钱后快速走出了商场。然而当她走到一个无人的拐弯处时，一个小伙子突然从后面冲上来拦住她，瞪着眼睛，凶狠地说：“好呀！你竟然偷我们超市里的东西，跟我走！”

雯雯被这个小伙子给弄蒙了，但是，很快她便冷静了下来，想起了《三十六计》里的“抛砖引玉”之计，把爸爸“抛”了出来，说：“我没有偷东西！你是干什么的呀？我爸爸在后面，马上就来了。”

小伙子听后吃了一惊，把刚从兜里拿出的一个红袖章又装进了兜里，严厉地说：“我是超市的安全员，专门盯着你们这些小偷。你要么让我检查一下你的包，要么跟我走。”

雯雯当时很害怕，感觉这个小伙子不是好人，她深呼吸几下，稳了稳心神，然后不慌不忙地说：“把你的工作证给我看看，我爸爸一会儿就到，他是警察。”

小伙子又吃了一惊，四下张望，见无人经过，就吞吞吐吐地说：“工作证忘记带了，红袖章就证明了我的身份。你是小偷，有什么权利看我的工作证！老老实实地跟我走，别拿你爸吓我。”

雯雯看到小伙子显得有些紧张，心里的怀疑更深了，迅速进行了思考。

超市

分析导引

A 自己并没有偷东西，小伙子不容分辩地说自己偷了东西，首先这就是诬陷。

B 稍微有一些常识的人都知道，红袖章证明不了人的身份，小伙子这样说，说明他在强词夺理。

C 执行任务，竟然忘记带工作证了，可能性不大，说明这里面有问题。

D 只有公安人员有权检查私人物品、带人走，商场保安根本就没有这个权力，这进一步说明小伙子有问题。

E 跟他走，他究竟要把我带到哪里去呢？值得怀疑。

判断结论

经过以上分析，雯雯得出了一个初步结论：小伙子肯定别有用心，是个假保安。

——选择的对策

第一，为了证实自己的清白，赌气跟小伙子走。

第二，坚决不跟小伙子走，并戳穿他的阴谋诡计，与他争辩，同时高喊："抓坏人……"

第三，与小伙子保持一定距离，不断"抛"出爸爸，拖延时间，发现有人经过时，迅速呼喊求救，而后及时报警。

同学们，上述三个对策，你会选择哪一个呢？

——优劣解读

假如你选择了第一个对策，赌气跟小伙子走，就正中小伙子下怀，小伙子会对你实施不法侵害，或者勒索钱财。

假如你选择了第二个对策，有利的方面是：你的勇敢呼叫可能会把小伙子吓跑，也可能把周围的群众喊过来，使你摆脱危险。不利的方面是：如果小伙子知道自己露了马脚，由于在僻静的拐弯之处，群众不能及时赶来，小伙子会不会狗急跳墙呢？会不会对你下黑手呢？所以危险随时可能发生。

假如你选择了第三个对策，你可以先拖延时间，“抛”出爸爸不断惊吓小伙子，发现有经过的群众后，迅速呼救，使群众赶来，帮助你制服小伙子，你就会成功脱险。而后马上报警，让警察追查小伙子的情况。

让我们看看雯雯既聪明又机智的处理方案。

用计锦囊

巧妙运用《三十六计》里的“抛砖引玉”之计，尽力找借口，拖延时间，等待过路行人出现，确保人身安全。

演示用计过程

雯雯边后退，边坚决地说：“我……我……我什么也没有偷，哪里也不去……我爸爸也在超市里，出来时自行车链子坏了，正在修理，一会儿就来了。爸爸能证明。”

小伙子犹豫了一下，停了下来，回头看了一下。

“丁零零……”突然一阵自行车铃声响起，拐弯处来了几位骑自行车的叔叔阿姨。

雯雯见时机到了，迅速朝叔叔阿姨的方向跑，同时奋力高喊:“爸爸，抓坏人……”

小伙子见真有骑自行车的人来，撒腿就跑。几个骑自行车的叔叔紧蹬几下赶上去，很快将小伙子抓住，送到了派出所。

原来，小伙子冒充超市保安，专门寻找小孩子作案，趁机捞点儿便宜。他用同样的手段，已经讹诈了好几名学生，十分可恶。

防骗警示语

外出时，一定要提高警惕，遇到突发情况，千万不能慌乱，更不能任凭别人摆布。要善于运用《三十六计》，寻找对方的弱点，辨别对方的真伪，巧妙抛出“砖”，确保人身安全。

写一写，画一画

你增长智慧了吗？

请开动脑筋，图文结合，画出一幅生活中鲜活的防骗漫画。

第十八计 擒贼擒王 善于斗争

摧其坚，夺其魁，以解其体。龙战于野，其道穷也。

防骗解析

要善于寻找和抓住最关键的人和事，利用各种手段处理主要矛盾，以达到攻击要害、摧毁全局的效果。

学习目的

在平时的学习与生活中，学生可能会遇到五花八门的骗局，无论什么样的骗局，只要掌握了《三十六计》中的谋略，都能够想出许多条“擒贼擒王”的妙计，化险为夷。具有谋略思想的学生，遇到问题，会千方百计抓住对方的主要矛盾，对症下药，把握住关键环节，求得自身安全。他们在做出决定时，不是毫无目的，也不是胡子眉毛一把抓，而是有的放矢；一个办法行不通，会再想出迂回的办法，最后解决问题。

骗子总是花样百出，制造出各种“烟雾弹”迷惑人。因此，这里劝告涉世未深的学生，遇到复杂情况，不要乱说话、瞎表态、盲目带头、胡乱作为，以防遭受伤害。

星期六下午，几名男学生在一块草坪上踢球，玩得正起劲儿，突然两个穿着制服但没有徽章的男子怒气冲冲地跑过来，严厉地说："没人管了吗？谁叫你们在这儿踢球的？每人罚款10元，足球没收！"

学生们被这突然的责怪声吓蒙了，赶紧承认错误，说不知道此地不让踢球，下次不敢了。

"不敢了？你们屡教不改。这次放了你们，下次还会来破坏草地。赶快交钱，否则，送你们去'绿化办'，关你们一天；再去告诉老师和家长，让你们挨批评。你们谁是领头儿的？"其中一个男子说。

在班上担任体委的壮壮上前几步，害怕地说："我是，我是。"

"过来！"男子严厉地说。

壮壮慢慢地走过去，胳膊一下子被两个男子给抓住了，又重重地挨了两个大嘴巴，痛得壮壮"嗷嗷"直叫。

"给不给钱？接受不接受处罚？不接受就抓住你们，每人先打两个大嘴巴，然后去'绿化办'，再狠狠地收拾你们。"

"给，给，千万不要送我们去'绿化办'也不要告诉老师。"壮壮用恳求的口气说。

"好吧，既然听话，算你走运，赶快交钱吧。"说完，他们把壮壮放开了。

壮壮不情愿地拿出 10 元钱，交给了那两个男子。其他几个同学见壮壮交了，也在两人淫威之下各交了 10 元钱。

两个穿制服的男子接过钱，带着奸计得逞的笑容走了。壮壮捂着发热的脸，看着远去的那两个人，越想越觉得不对劲儿，马上与几个同学交换了意见，并认真地对此事进行了如下思考。

分析导引

A 穿制服并不能说明就是管理人员，两个男子执行公务却没有出示工作证，说明他们俩不是真正的管理人员。

B “绿化办”没有随便关人的权力，两个男子说把学生关起来，说明他们在吓唬人。

C 随便抓人、打人是违法行为。

D 罚款应该给开收据，两个男子什么都没有给，说明他们可能是诈骗钱财。

E 罚款后，两个男子是一副奸计得逞的样子，说明他们是假冒“绿化办”的工作人员。

判断结论

以上分析与推理说明两个穿制服的男子是假冒“绿化办”的工作人员。

脑洞大开

——选择的对策

第一，对于两个男子的非法行为予以坚决反对，据理力争，坚决不交。

第二，高声喊叫，把路过的群众喊过来，当面指出两个男子的敲诈行为，并与群众一起将他们送到派出所。

第三，趁两个男子不备先让一个同学逃脱，大声告诉他去报告警察叔叔。

第四，先装出害怕的样子，拖延交罚款的时间，一个人借故上厕所，自然脱身，而后秘密报告给警察叔叔，让警察叔叔抓住他们。

第五，自认倒霉，交罚款了事。

同学们，假如当时你就是壮壮他们当中的一个人的话，上述五个对策，你会选择哪一个呢？

用计对比

——优劣解读

假如你选择了第一个对策，有利的方面是：表现出你的勇敢和不畏惧强敌的精神。不利的方面是：两个男子是成年人，体力优于学生，争辩或对打起来，你可能会受伤，实在不值得。

而且他们的不法行为没有被揭穿，让他们跑掉后，他们还可能继续去敲诈其他同学。

假如你选择了第二个对策，有利的方面是：群众围上来后，你不会被敲诈，还可能在一定程度上把两个男子制服。不利的方面是：在群众到达现场之前，这两个人会不会迅速逃跑呢？日后他们会不会变得更加狡猾和隐蔽呢？隐患依然存在。

假如你选择了第三个对策，有利的方面是：两个男子会因为害怕警察的到来而迅速逃脱，这样你们就可以免遭敲诈和皮肉之苦。不利的方面是：他们在警察到来之前会跑掉，隐患未能消除。

假如你选择了第四个对策，不会被敲诈，也没有皮肉之苦，只是需要“磨嘴皮子”，在一定程度上会使这两个男子放松警惕。一个人借故上厕所的途中，寻找最好的时机，报告警察，让警察将他们抓住。借故溜走的时机和理由是否能让对手相信，对于能否抓住他们很关键。

假如你选择了第五个对策，有利的方面是：可以免遭皮肉之苦。不利的方面是：两个男子把钱敲诈走了，日后会更加猖狂，隐患会更大。

同学们，在当时的特殊环境下，假如你是壮壮他们中的一个人，上面的五个方案，你选择了第四个，让我们重新推演一下。

用计锦囊

识破《三十六计》里的“擒贼擒王”之计，分散对方的注意力，见机行事，确保安全。

演示用计过程

回到故事中，同学们应该这样处置：

壮壮他们几个互相使了个眼色，开始演戏了。首先他们故意翻找衣兜，吞吞吐吐地说：“钱在哪里呢？”而后，其中的一个同学故意装作肚子疼，喊着要去厕所。

无奈之下，两个穿制服的男子只好“放行”。

假装上厕所的同学睁大眼睛寻找，见到两名正在执勤的警察，赶忙跑过去，把情况报告给警察叔叔。

警察叔叔立刻行动，把两个男子截住。经过审问得知，这两个人已经用类似的手段敲诈了好几名同学。

这下好了，他们把自己给“敲诈”进去了。

防骗警示语

类似的骗术，在同学们的身边可能还会出现，只不过手段不一样罢了。以后遇到类似的情况，要注意以下几点：一是如果你是位“小头头”，是有点儿影响的人，说话办事应特别小心和谨慎。二是当有人在你面前花言巧语地说这个好、那个好，过不久又要求你附和时，你应提高警惕，万不可被人牵着鼻子走。三是一定要设法把陌生人的真实目的搞清楚，在未搞清楚之前，最好保持沉默。四是遇事要多问一下自己，为什么对方会来找自己。对方究竟想让自己干什么，自己真说了或做了会有什么后果。

写一写，画一画

你增长智慧了吗？

请开动脑筋，图文结合，画出一幅生活中鲜活的防骗漫画。

第十九计

釜底抽薪 以柔克刚

不敌其力，而消其势，兑下乾上之象。

防骗解析

不是直接与对方“刀兵相见”，而是从思想上、精神上，以间接的方式或手段去削弱对方，抓住对方致命的弱点，突然进行攻击，达到完全控制对方的目的。

学习目的

同学们都知道这样一个浅显的道理：生火烧水，锅里的水被加热沸腾，是靠火，古时候烧火用的是柴草。要想阻止水沸腾，往锅里再加入冷水，只能管一时，过一会儿水还会沸腾；只有当机立断，抽出柴草，才能真正阻止水沸腾。

许多读过《三十六计》的学生深知“釜底抽薪”的道理，面对强大的对手，总是能够巧妙地运用此计，机智果断地扭转局面，确保自己的人身安全。

“釜底抽薪”的关键就是“抽”字，“抽”早了起不到威慑作用；“抽”晚了，容易弄巧成拙，让自己陷入被动局面。

孙子曰：“善洞察者，智者，成事也。”

兵法讲：“见微细者，为将戒也！”

要想成功使用这个谋略，就必须认真研究对方的情况，包括其性格特点、文化程度、爱好、年龄以及成长经历，要仔细观察整个事态的发展情况，把握住整个事件的关键点。

“抽”的时候要隐秘快速，不能有一丝一毫的风声走漏出去，要在不经意当中，把“薪”拿出来，不被对手察觉。

一些骗子诈骗学生的形式多种多样，十分卑鄙，同学们要提高警惕，保护好自己，防止被骗子“釜底抽薪”。

下面这个案例是几个小同学被不良划船工釜底抽薪的全过程，不良船工老奸巨猾，心怀叵测。学生们粗心大意，没有思考。船行至湖中心时船工增加收费标准，同学们措手不及，在水中没有退路了，只能被骗、吃亏上当。

某旅游点的个体划船工王某，想多挣些钱，却不在优化服务上下功夫，净想些歪门邪道。一天，他见有6名外地学生想坐船，就假惺惺地凑上前，笑眯眯地说：“小同学，来坐我的船吧，价钱便宜，一共20元，安全可靠。我们家四代都是划船工，方圆几十里都知道我王老二，其他的划船工多是‘二把刀’（指技术不好）划船工，安全没保证。来我这儿吧！”

同学们一听，这个人这么热情好客，技术又好，为了安全，也没想其他的，就上了船。

船离开了码头，王某一路上不停地给同学们讲当地的风土人情、奇闻趣事，倒也其乐融融。谁知到了湖中心，王某把撑杆一停，严厉地说：“听着！你们交钱吧，每人20元，外加5元讲解费。”

同学们一听，气得与他理论起来，说：“你不是说一共20元吗？怎么是每人20元呢？再说，你也没说讲解要钱啊，我

们也没有让你讲解呀！”

王某把眼一瞪，大声说：“给不给？不给的话，你们就下船。”说着，他用撑杆来回地晃船。小船左右摇摆，眼看着就要翻了，十分危险。

同学们吓得不知如何是好，为了安全，赶忙说可以照价给钱，赶快上岸吧。王某“嘿嘿”一笑，收了钱，让船靠了岸。

这起骗局漏洞较多，为什么同学们没有识破呢？主要原因是学生分析问题不够深刻，遇事没有经验。

同学们，假如当时你就是 6 名同学中的一个，对这件事是不是应该进行如下思考呢？

分析导引

A 上船前王某说的价格 20 元，是每个人 20 元，还是所有人一共 20 元？当时他应该说清楚，但他含糊其词，说明他居心叵测。

B 王某自己说安全有保证，但没有第二个人证明，所以他的话的真实性值得怀疑。

C 王某说其他划船工是“二把刀”，刻意贬低别人，说明他是个心术不正、不道德的人。

D 讲解是王某自己主动做的，事前并没有说要收费，这种行为属于强买强卖。

E　王某早不要钱，晚不要钱，等船到湖中心再要钱，说明他是个十分阴险狡诈的人。

判断结论

经过以上分析，可以得出一个初步结论：这个划船工是个不法之人。

脑洞大开

——选择的对策

第一，不听王某的一面之词，到旅游服务处咨询一下，再决定是否坐船。

第二，请王某出示营业执照，记住他的营业执照号码和姓名，然后上船，并明确告诉他，要是要“花招儿”，就去投诉。

第三，在船上坚决不多交钱，与王某争论。

第四，先交钱，但上岸后迅速向有关部门报告，请执法人员查处此事。

第五，自认倒霉，交钱上岸走人。

同学们，假如你就在事发现场的话，上述五个对策，你会选择哪一个呢？

——优劣解读

假如你选择了第一个对策，有利的方面是：安全有了保证，不会被敲诈。不利的方面是：王某还会去敲诈其他人，隐患仍然存在。

假如你选择了第二个对策，大家的安全就有保证，因为记住了王某的营业执照号码和姓名，有一定的震慑作用，万一在湖中心时他实施敲诈，上岸后也容易投诉。

假如你选择了第三个对策，说明你们勇敢，不畏强敌。但不利的方面是：王某可能会与你们争论，甚至会采用凶残的手段对付你们，因学生和成人的体力相差太大，出现这种情况后果不堪设想。

假如你选择了第四个对策，生命安全就有保证，虽然破了财，但是上岸后迅速举报，有关部门抓住王某后，一切损失都会得到补偿。

假如你选择了第五个对策，生命安全有保证，但是会在无形中助长不法商贩的嚣张气焰，他今天得逞，明天还会继续实施敲诈，隐患依然存在。

同学们，在当时的特殊环境下，你会选择哪个对策呢？下面让我们选择第四个对策，推演一下行动过程。

用计锦囊

以《三十六计》里的“釜底抽薪”之计，以确保生命安全为第一要务，安全上岸后，迅速向有关部门举报。

演示用计过程

回到故事中，同学们应该这样处置：在船上不要与王某硬碰硬，要装作顺从的样子，如数把钱交出来，并记住他的特征。如果有可能的话，拿出手机拍照、录像、录音，收集证据，而后要求他尽快靠岸。上岸后，迅速向有关部门报告，请执法人员根据相关规定处理这个黑船工。

防骗警示语

一是在做事之前，要弄清楚自己是否有退路，退的难度有多大。二是需要陌生的第三者帮助时，应该加以提防，切不可盲目行动。三是只要条件允许，就要到有关部门了解情况，从不同的角度考察对方。

写一写，画一画

你增长智慧了吗？

请开动脑筋，图文结合，画出一幅生活中鲜活的防骗漫画。

第二十计

浑水摸鱼　心中有数

乘其阴乱，利其弱而无主。随，以向晦入宴息。

防骗解析

以假乱真，故意寻找各种借口和理由，把情况搞复杂，待对方难辨真伪，出现思维与判断上的破绽时，顺势达到自己的目的，使对方无还击之力。

学习目的

喜欢研究兵法、爱读《三十六计》的学生，一般有一个共同的特点：在开始重要行动之前，当知道成功的把握不大时，能够因地制宜，合理、隐蔽、巧妙地制造出一些假象，迷惑对方，让其失去应有的判断能力，在对方弄明白事情的原委之前，成功、迅速地到达“彼岸”。

“浑水摸鱼”之计深藏着智慧与哲学的道理，处理一些比较棘手的问题时，此计如果运用得好，能够达到“动一点儿，满盘皆活”的效果。因此，学生们平时应该把业余时间利用起来，认真研究它的运用方法，掌握各种技巧和方式，尤其要认真研究“浑”与“摸”这两个字。

“浑”要“浑”得隐蔽，“浑”得自然，不能有人为痕迹，不能被对方轻易察觉，如果把目的暴露了，就会引起对方的高度警惕，不利于解决问题。

“摸”要“摸”准确，时机要把握好，不能轻易行动，更不能在条件还没有成熟的情况下行动，因为行动与目的一旦暴露，会给自己带来更大危险。

学生遇事务必要睁大眼睛，积极思考，保持清醒，寻找蛛丝马迹，识破各种各样的骗子。要知道，骗子也会施用此计骗人。

巧巧刚刚进入青春期，对每个月一次的“例假”很苦恼，对满脸的“青春痘”更是烦恼，既害怕又感到无所适从。

一天，她正在附近的公园散步，突然一位慈眉善目的老人来到她面前，微笑着问：“小同学，我有事情想请你帮个忙，好吗？”

一向乐于助人的巧巧见是位老爷爷，立即热情地说：“老爷爷，什么事情呀？”

爷爷拿出一个小册子，面有难色地说：“小同学，我不怎么识字，你帮我看看上面写的是什么。”

巧巧拿过小册子一看，脸马上红了。原来这是一份药品说明，称这种药只要吃几片，就会几个月不来“例假”，也不长“青春痘”，可以省去很多麻烦。

巧巧边看边轻声地说：“哪里能买到这个药啊？”

老爷爷神秘地说：“我这里有，送给你一片。现在就吃吧。”

巧巧高兴地接过药，说：“爷爷，我没带水，一会儿我回家吃吧。”

爷爷严肃地说：“不行！我是研究这种药物的专家，药离开

药瓶两分钟之内就要吃下去，否则就会失去效果。”

听了这话，巧巧冷静了下来，看着手中的药片，想起了学校卫生老师讲的关于“例假”与“青春痘”的知识。“例假”是正常的生理现象，任何药物都不能改变这种生理现象。长“青春痘”是青春期常见的事，只要注意脸部卫生，注意饮食，保持良好心情，痘慢慢就消失了。想到这里，巧巧又把这个老爷爷前后说的话进行了对比，立刻发现了破绽。

分析导引

A “爷爷”开始说不怎么认识字，现在又说是研究这种药物的专家，哪有不认识字的专家呀？前后矛盾，说明“爷爷”可能有别的图谋。

B “爷爷”既然是专家，认识字，却装作不认识字，让我帮他读，他是故意制造混乱，想“摸鱼”吧？这是故意引诱我上当呢！这说明“爷爷”心怀不轨。

C 药片拿出来，两分钟内就要吃进去，否则就会失效，这几乎不可能，值得怀疑。

D “爷爷”害怕我拿回家吃，说明他心中有鬼。

判断结论

综合以上分析，巧巧认为“爷爷”可能有不可告人的目的，很阴险，很毒辣，务必提高警惕。

脑洞大开

——选择的对策

第一，不要药片，迅速离开，回家看电视。

第二，不要药片，迅速离开，回家告诉爸爸妈妈。

第三，不接受药片，迅速离开，并找到公园管理人员，请求他们帮助。

第四，当面揭露“爷爷”的诡计，要求他到公安局去自首。

同学们，假如你是巧巧同学的话，上述四个对策，你会选择哪一个呢？

用计对比

——优劣解读

假如你选择了第一个对策，自己不会受到任何侵害，但是危险仍然存在，坏人还会像幽灵一样四处游荡，去诱骗其他同学，给其他同学造成不幸。

假如你选择了第二个对策，自己不会上当受骗，爸爸妈妈知道后，会立刻报警，“爷爷”的真面目就会暴露无遗，隐患也就消失了。

假如你选择了第三个对策，自己不会上当受骗，公园管理人员会立刻采取行动，把“爷爷”的真实情况搞清楚，并移送公安机关，隐患也就消除了。

假如你选择了第四个对策，附近如果有其他人还好，但如果在偏僻的地点，“爷爷”可能会对你下毒手，这种人什么事情都能干出来，危险性很大。

同学们，在当时的特殊环境下，假如你是巧巧的话，你会选择哪个对策呢？让我们看看巧巧的行动吧。

用计锦囊

巧妙运用《三十六计》里的“浑水摸鱼”之计，在确保自己人身安全的前提下，假装弄丢药片，制造混乱，迅速离开“爷爷”视线，巧妙脱身。

演示用计过程

回到故事中，可以这样做——

巧巧装作很为难的样子，着急地说：“爷爷，我有个毛病，没有水，我吃不进药去，保准卡嗓子眼儿。我妈妈在叫我呢，我得赶紧走了。”说完，巧巧故意把药片掉在地上，着急地喊：“哎呀，哎呀，药掉了，掉了……”

“爷爷”看见药片掉在地上了，急忙弯腰去捡。趁着临时出现的混乱，巧巧迅速摆脱了“爷爷”的纠缠，来到公园门口，向管理人员说明了情况。

公园管理人员立刻报了警，并派人围堵“爷爷”。

不一会儿，警察突然来到了“爷爷”面前。“爷爷 ”一见警察，吓得瘫软在地。

原来这个“爷爷”居心叵测，经常以各种花言巧语骗取孩子的信任，趁机占便宜。

防骗警示语

女学生一个人在外面，应该注意不要在偏僻的地方玩。见到陌生人应该提高警惕，要向人多的地方靠拢，陌生人无论以什么方式给你食物、药品或饮料等，都应该断然拒绝。现在的环境很复杂，学生遇到突发状况，务必多思考，善于进行前后对比，抓住事物的本质进行分析。要把可疑的情况及时向老师和家长报告，向有关人员讲，要知道怎么做才能使自己的人身和财产得到保护。

写一写，画一画

你增长智慧了吗？

请开动脑筋，图文结合，画出一幅生活中鲜活的防骗漫画。

第二十一计

金蝉脱壳
不卑不亢

存其形，完其势；友不疑，敌不动。巽而止蛊。

防骗解析

当自己处于险境时，不要坐以待毙，一定要设法创造条件，运用各种手段迷惑对方，巧妙地将自己的真实意图隐藏起来，并设法在自然的状态下稳住对方，使自己在对方没有察觉的情况下，逃离险境，确保自己的安全。

学习目的

同学们要明白，此计的关键在于千方百计地设计一个合情合理的环境，同时制造各种假象迷惑对方。将对方完全稳住后，再利用人固有的思维定式，达到自己真实目的。

“脱”在字典上解释为“逃脱”“逃跑”“脱开”，这里的“脱”并不是简单意义上的逃脱和逃跑，而是安全有效地走出危险境地，切实保证安全。

模拟情景剧

星期天到了，马壮带上旱冰鞋来到旱冰场，开心地滑起了旱冰。旱冰场的人很多，滑着滑着，突然几个流里流气的大男孩围着他来回转，看上去是一些滑旱冰的高手。

马壮仍然按照自己的路线滑，突然一个黄头发的大男孩直冲过来，碰了马壮一下，马壮险些摔倒。“哎呀”一声，那个黄头发的大男孩摔倒了，胳膊还流了血。

那几个大男孩一下子围住了马壮，说马壮撞倒了人，要求

马壮带人去医院，或马上赔钱。

马壮与他们争辩起来，说自己按照自己的路线滑，根本就不会撞上人，是那个人直冲过来，怨他自己。

几个人挥着拳头威胁说："少啰唆，去医院。不去医院，私了也行，给钱吧。"

马壮见倒在地上的那个黄头发男孩虽然"哎哟""哎哟"地叫，但显然是装的。他们人多，又气势汹汹，一看就是有备而来。马壮正准备按照他们说的给点儿钱，私了算了，突然想起了老师的一句话："现在社会上有'碰瓷'的骗子，外出要格外注意。"于是，他立刻进行了分析，改变了主意。

分析导引

A 出事后，双方应该好好谈，几个大男孩上来就气势汹汹，看样子是有备而来。

B 几个大男孩滑旱冰的水平很高，不应该轻易摔倒，会不会是"假摔"呢？会不会是老师说的"碰瓷"呀？值得怀疑。

C 撞坏了应该上医院，几个大男孩却提出私了，肯定是想讹钱。

判断结论

综合以上分析，可以初步得出一个结论：这几个流里流气的大男孩可能是专门"碰瓷"的讹诈团伙。

脑洞大开

——选择的对策

第一，同意去医院看病，同时让警察叔叔来裁决，一切听警察叔叔的处理意见。

第二，继续与他们争论下去，就是不去医院，也不赔钱。

第三，大声向周围群众呼救，让围观群众评理，并主持公道。

第四，同意这几个大男孩的要求，回家拿钱了事。

第五，同意赔钱，稳住这几个大男孩，而后巧妙报警，或及时报告爸爸妈妈，请他们来协助处理。

上述五个对策，你会选择哪一个呢？

用计对比

——优劣解读

假如你选择了第一个对策，当时自己不会吃亏，也可以避免财物上的损失。警察叔叔赶到后会认真调查，做出公正处理，潜在的后患会彻底消除。

假如你选择了第二个对策，有利的方面是：不会有财物损失。不利的方面是：讹诈团伙有备而来，这几个大男孩会不会对你进行人身伤害呢？你可能会受些皮肉之苦，同时钱也可能被他们抢去。

假如你选择了第三个对策，有利的方面是：周围的群众听到你的大声呼喊后，会过来帮助你。这几个大男孩受到群众指责后，也许会感到惭愧。如果群众把他们扭送公安局处理，隐患就消失了。不利的方面是：万一这伙人在群众的指责声中逃走，隐患还是存在。或者群众不来怎么办呢？激怒了对方，后果无法预料。

假如你选择了第四个对策，有利的方面是：避免了身体上的伤害。不利的方面是：钱被这几个大男孩给“诈”去了，会使这伙人更加猖狂，潜在的后患会非常大。

假如你选择了第五个对策，当时自己不会吃亏，也可以避免财物上的损失，还可使自己巧妙脱身，告诉爸爸妈妈后，爸爸妈妈再向警察讲明情况，警察叔叔赶到后，这几个大男孩就会束手就擒，潜在的后患就会彻底消除。

同学们，在当时的情况下，你会选择哪个对策呢？应该怎么下决心呢？让我们看看马壮同学是怎么做的。

用计锦囊

巧妙运用《三十六计》里的“金蝉脱壳”之计，在保证自己不受皮肉之苦、没有经济损失的前提下，安全脱身。

演示用计过程

马壮假装害怕的样子，说：“我赔你们钱，可是我现在身上没有带，我回家拿钱去，我把旱冰鞋抵押在这儿。”

几个大男孩同意了，马壮飞快地向“家”跑去。他到了一个合适的地方打电话报警，及时把情况向警察叔叔做了汇报。警察叔叔很快赶到现场，抓住了这伙人。

经过审问，这伙人是社会闲散人员，专门在旱冰场“碰瓷”，以“假摔”的方式讹诈学生的钱，没有想到，这次却栽在了马壮这里。

同学们，如果你遇到类似的事件，不要慌张，更不要害怕，机智勇敢，安全脱身最重要。

防骗警示语

在遇到类似的情况时，要镇定，不要被骗子的表演所迷惑。要有分析问题的能力，要学会识别“假”与“真”，不要因为害怕家长、老师批评，就甘愿掏钱，私了纠纷。平时不要惹事，但是出了事情，也不要害怕，要通过正规的程序解决。

要善于分析并根据当时自己所处的环境而定，如果当时地处偏僻，有危险，就可以先答应给钱，确保安全脱身后，再及时告诉爸爸妈妈，或报警。

写一写，画一画

你增长智慧了吗？

请开动脑筋，图文结合，画出一幅生活中鲜活的防骗漫画。

第二十二计

关门捉贼 稳住阵脚

小敌困之。剥，不利有攸往。

防骗解析

创造条件，等待时机的成熟，巧妙使对方自然陷入“上天无路，入地无门”的境地，而后再彻底击败他，使对方没有还手之力，不会做出任何反应。

学习目的

一些学习过《三十六计》的学生，危急时刻，就会使用此计，化险为夷。

关门捉贼的关键就是“关”与“捉”字，通常情况下，并不是想“关门”就能够把门“关”上的，要关门就要先开门，开门要自然隐蔽，绝对不能暴露自己的意图。门开大了不成，开小了也不成，开早了不成，开晚了也不成，掌握时机与火候非常重要。

“关门”要有耐心，更要有充分的心理准备，甚至还要考虑别人的配合，要不断地运用各种手段与假象调动对方注意力，使其在没有防范的情况下进入自己设计好的陷阱。对手一旦进入，“关门”就要迅速果断，并且一定要关死，不能出现关不严的现象，否则会造成“狗急跳墙”的结果。

“捉”要捉得干净彻底，不能留下隐患，导致“放虎归山”的结果。

星期六的下午，学生大海陪爸爸妈妈到商场买东西，正在选购商品时，大海遇到了同学华华。华华很着急地告诉大海说他忘了拿一样东西。

大海就跟爸爸妈妈说自己与华华先回家取东西，爸爸妈妈同意了。大海与华华出了商场。

到了自己家楼前，俩人一起爬楼梯，到了家门口时，大海发现家里的防盗门半开着。华华正要说话，被大海及时捂住嘴，然后俩人慢慢地、轻轻地退到楼梯拐角处，隐蔽起来，边小心翼翼地探头观察边进行着分析。

分析导引

A 家里的防盗门只有爸爸妈妈和自己有钥匙，现在家里没人，门怎么自己开了呢？是不是有盗贼进了屋子呢？

B 爸爸妈妈现在还在商场买东西，确实没有在家，现在家的防盗门半开着，说明可能有情况。

C 能把防盗门打开的人，肯定是“老手”，或是熟悉自己家里情况的人，现在家里肯定有危险。

判断结论

经过以上分析，大海得出了一个初步结论：家里可能被盗了，盗贼可能还在里面，也可能跑了。

脑洞大开

——选择的对策

第一，不贸然进去，退到楼门外，等爸爸妈妈回来。

第二，不贸然进去，立刻退回去，快速去商场找爸爸妈妈，把情况告诉他们。

第三，不贸然进去，立刻到楼下报警，让警察来处理。

第四，不贸然进去，立刻到邻居家，请邻居帮助报警。

第五，立刻冲出去，大声呼喊："抓坏人呀！抓坏人呀！……"

同学们，如果你是大海的话，上述五个对策，你会选择哪一个呢？

——优劣解读

假如你选择了第一个对策，有利的方面是：安全有了保证，不会受到坏人的侵害。不利的方面是：如果爸爸妈妈回来晚了，窃贼从容完成盗窃后安全离开，家里的财产会受到损失。

假如你选择了第二个对策，有利的方面是：人身安全有保证。不利的方面是：到商场找爸爸妈妈需要时间，如果找不到怎么办？即便是找到他们，待报警后，警察赶到家里，时间会很长，窃贼可能早跑了。

假如你选择了第三个对策，安全有保证，立刻到楼下打电话报警，警察及时赶到，抓住入室盗窃的坏人，危险就会消除。

假如你选择了第四个对策，安全有保障，通过邻居家的叔叔阿姨帮助，尽快报警，让警察叔叔以最快的速度赶到现场，危险会彻底消除。

假如你选择了第五个对策，有利的方面是：你勇敢面对窃贼，窃贼会受到惊吓，可能会被吓跑。不利的方面是：窃贼也可能与你拼命，甚至会采用极端的手段对付你，而你的体力根本不能与之对抗，后果不堪设想。

同学们，如果你遇到了类似的情况，你会选择哪个方案呢？下面我们看看大海的选择。

用计锦囊

巧妙运用《三十六计》里的“关门捉贼”之计，确保生命安全。大海守在楼门口观察情况，华华迅速去楼下打电话报警。

演示用计过程

大海与华华迅速退到楼下，大海在隐蔽的地方观察情况，华华及时打 110 报警。警察叔叔很快赶到现场，抓住了窃贼。

经过审问，原来窃贼是以前曾经给大海家装修过的工人，偷偷地配了他家的钥匙，窃贼的身上还带着刀子呢！

防骗警示语

当发现家里的门开着，而且确定爸爸妈妈没在家时，千万不能莽撞地闯进家门，更不能惊慌喊叫，应该提高警惕，及时寻找对策，在切实保证自己人身安全的前提下，迅速报警，或告诉爸爸妈妈。另外，在观察时，如果发现楼下有可疑的汽车，或可疑之人，应该认真记下车号、车型与可疑人的长相特点，以便给警察叔叔提供线索。

写一写，画一画

你增长智慧了吗？

请开动脑筋，图文结合，画出一幅生活中鲜活的防骗漫画。

第二十三计

远交近攻 借力自保

形禁势格，利从近取，害以远隔。上火下泽。

防骗解析

在各种条件尚不具备的情况下，如果对方实力强大，自己无力抗衡，应采取“隐”的方法，并与有共同利益的“同盟军”合作；如果对方势力较弱，应采取各个击破的方法，也可用迷惑的手段把原本自己无力抗衡的对手，引诱至“势力范围”之内，然后将其击败。

学习目的

一些平时爱读《三十六计》的学生深知此计的妙处，在处理比较复杂的突发事件时，总是能够认真研究对手，准确判断目前的形势，找出当前与将来的“同盟者”，从而化险为夷，变被动为主动。

喜欢下围棋的同学一定知道这么一个道理：如果缺乏对全局与长远的考虑，只顾眼前布局，必定要失败。

“远交近攻”之计的关键就是“交”与“攻”，“交”是为了更好地“攻”，“攻”是为了更好地“交”，二者互相作用，缺一不可。

“交”要建立在真诚、平等、互利的基础之上，要站得高一些、看得远一些，要有战略家的气度，有时宁肯自己吃一些亏，但为了“同盟”稳定，为了自身的安全，为了“攻”得有效，也要甘愿吃亏。

小聪家住的小区安装了宽带，爸爸为了方便小聪学习，还给他买了一台电脑。小聪在网上查阅资料，学习成绩提高很快。闲暇之余，他还在网上与人聊天，探讨问题，感到生活非常愉快。

一天，他正在网上与人交流，突然出现了一个自称是“007大侠”的人。小聪特别崇拜“007”这个传奇式的人物，而且

自己也喜欢拳脚功夫，就与“007 大侠”聊了起来，俩人越聊越投缘。

“007 大侠”自称精通太极拳、长拳、醉拳、三节鞭，擅长空手夺刀，曾经一个人打过五个流氓，救过三个受欺负的女生。

连续几天聊天，小聪完全被“007 大侠”的“豪气”与“仗义”给征服了。

一天聊天时，“007 大侠”说：“你如果有什么事情需要我帮忙，我会为你‘两肋插刀’。”

恰好，小聪因为一点儿小事情受到了一个高年级同学的欺负，小聪便把情况向“007 大侠”述说了一遍。

“007 大侠”气愤至极，说要为小聪出口气，但要小聪准备 800 元钱的辛苦费，还说可以微信转钱。

小聪正准备通过微信把钱转给“007 大侠”时，恰好在电视中看到一条关于专门利用电脑网络骗人的新闻，他的脑子顿时像是被猛击了一拳似的，清醒了许多，立刻进行了如下分析。

分析导引

A “007 大侠”在网上说他精通太极拳、长拳、醉拳、三节鞭，擅长空手夺刀，但自己没有亲眼见过，不可以轻信。

B “007 大侠”说他曾经一个人打过五个流氓，救过三个受欺负的女生，有点像吹牛，值得怀疑。

C “007 大侠”有这么好的功夫，为什么不进武术队，不参加正规的比赛？这说明他的话有水分。

D “007 大侠”知道了我受到同学的欺负，不是从正面教育我与同学搞好团结，而是纵容我打架，还让我出钱，说明“007 大侠”不是什么好人。

判断结论

经过以上分析，小聪得出了一个初步结论：“007 大侠”不是什么好人。

脑洞大开

——选择的对策

第一，坚决不给“007 大侠”转钱，从此再也不理睬“007 大侠”了。

第二，坚决不给“007 大侠”转钱，立刻把情况告诉家长或老师。

第三，坚决不给“007 大侠”转钱，立刻把情况告诉警察，请警察叔叔处理。

第四，在网上戳穿“007 大侠”的真实面目。

同学们，如果你是小聪的话，上述四个对策，你会选择哪一个呢？

用计对比

——优劣解读

假如你选择了第一个对策，有利的方面是：安全有保证，不会受到坏人攻击。不利的方面是：网上的骗子依然存在，他可能会骗其他小朋友，真正的隐患仍然存在。

假如你选择了第二个对策：自身安全有了保证，家长或老师知道了情况后，会立刻报警，警察会采取措施，布下天罗地网，抓住这个“大侠”。

假如你选择了第三个对策，自身安全有了保证，由于报警及时，警察会迅速处理，抓住骗子，危险会消除。

假如你选择了第四个对策，“007 大侠”会马上与你“断线”，也可能找到你的IP地址报复你。

同学们，如果你遇到了类似的情况，你会选择哪个对策呢？下面我们看看小聪的选择。

用计锦囊

睁大眼睛，识破《三十六计》里的“远交近攻”之计，保证自身安全。

演示用计过程

小聪顾不上害怕被爸爸妈妈责骂，及时向他们说明了情况。爸爸妈妈非常有社会经验与警惕性，不但没有批评小聪，还表扬小聪有分析能力，会自我保护。然后，立刻报了警。

警察叔叔很快进行了定位寻找，抓到了“007 大侠”。

经过审问，原来“007 大侠”是个教唆犯，有数次“前科”。出狱后他不思悔改，专门在网上骗涉世未深的学生，已经有几个学生上过他的当了，这次栽在了小聪这里。

防骗警示语

学生在网上不能轻易与陌生人聊天，更不能把自己的家庭地址、电话、学校告诉对方；因为在远处——那个不可知的环境里，那个陌生人究竟是干什么的，谁也无法弄清楚。要时刻保持警惕，不要轻易相信对方的花言巧语，也不能轻易去与对方见面。学生应该以学习为主，不要把时间浪费在虚拟世界中。一旦遇到类似的危险情况，应该及时向家长、老师或警察叔叔报告，请他们处理，以防发生意外与不测。

写一写，画一画

你增长智慧了吗？

请开动脑筋，图文结合，画出一幅生活中鲜活的防骗漫画。

第二十四计

假道伐虢 救人救己

两大之间，敌胁以从，我假以势。困，有言不信。

防骗解析

找一种借口或创造一个机会，在神不知鬼不觉的情况下，顺势渗透，并设法取得对方的信任，而后采取突然行动，实现自己的目的。

学习目的

了解并熟知《三十六计》的学生能够运用此计，借助外部条件和突发的意外事件，快速、隐蔽、自然、准确地抓住机会，化险为夷。

“假道伐虢”之计奥妙无穷，运用得好可以起到事半功倍的作用，能够为处于危险之中的学生赢得生机与希望。

同学们应该注意的是，务必要把“假”字演活，要通过“假”，巧妙保护自己，增强自信心。

“伐”在字典上的解释是：攻打、征讨。与骗子交锋时要准确反击，让骗子无还手之力。

因此，学生们在“伐”的问题上应该具备四个良好的心理素质：一要大胆，二要仔细，三要果断，四要系统。

千万不能盲目地“伐”，更不能脑子一热，在时机、条件、人力、物力、环境均不具备的条件下，忍耐不住，贸然出击，最后功亏一篑，追悔莫及。

兵法讲：凡举大事者，都离不开一个“预”（计划与准备）。“预”字为先，方能事成，可见“预”的重要性。

"伐"，一定要建立在科学分析的基础之上，应该预先准备并进行全面、真实的观察、分析与思考，这样才能"伐"准。

俗话说："天上不会掉馅饼。"当前，一些骗子极为狡猾，他们为了骗取钱财，经常设置五花八门的陷阱，引诱涉世未深的学生上钩，需要时刻提高警惕。

模拟情景剧

一天下午，元元准备到附近的公园玩，突然在公园附近发现三个同学围着一个小贩打扮的人，在做着什么游戏。走近一看，原来是三个同学在那个人的指导下，正在玩"押宝"游戏。

小贩身边，还有几个成年人在起哄："押吧！肯定赢钱。"

押了几次，几个同学尝到了一点儿甜头，可是慢慢地全输光了。一个同学不服输，匆忙跑回家，拿来了600多元的压岁钱，准备翻本，可是没有几次，又输光了。

元元感到同学们是在骗子设计的圈套里"赌"，危险太大了，想阻拦同学，又怕同学听不进他的话，反而打草惊蛇，惊走了骗子。于是，他迅速进行了如下思考。

分析导引

A 电视里面曾经报道过这种“押宝”的鬼把戏，明确说这是骗人的“赌局”。这个小贩打扮的人，正在进行着骗人活动，是违法行为。

B 学生还没有成年，有些人专门找学生下手，说明他们在犯罪。

C 那几个起哄的人，一定是“托儿”，这是一群骗子。

判断结论

综合以上分析，可以初步得出一个结论：这是一个有预谋的诈骗团伙。

脑洞大开

——选择的对策

第一，立刻揭穿这些人的把戏，并要求他们把骗来的钱还给同学。

第二，当时就戳穿这些人的把戏，并呼喊周围的群众一起与他们理论，让他们去公安局自首。

第三，利用《三十六计》中假道伐虢之计，假装路过，安全脱身。然后，偷偷报警，让警察及时处理。

第四，继续走自己的路，不予理睬。

假如你是元元的话，面对这种情况，上述四个对策，你会选择哪一个呢？

——优劣解读

假如你选择了第一个对策，有利的方面是：骗子可能会受到惊吓逃跑，减少被骗同学的损失。不利的方面是：骗子不会轻易被你吓跑，可能与你争辩，甚至采取暴力手段对付你，钱不但要不回来，反而会引来危险。

假如你选择了第二个对策，有利的方面是：如果当时周围的群众多，而且敢于挺身而出，会对同学们有利。不利的方面是：如果当时群众不多，又没有人愿意挺身而出，骗子会逃跑，也可能报复同学。

假如你选择了第三个对策，既可以避免正面冲突，也不会打草惊蛇，警察叔叔很快就会抓住这群骗子。

假如你选择了第四个对策，自己虽然没有危险，但是其他同学还会继续被骗，骗子依然逍遥法外。

同学们，在当时的情况下，你会选择哪种对策呢？让我们看看元元是怎么处置的。

用计锦囊

保持冷静，假装路过此地，偷偷报警。

演示用计过程

元元假装不感兴趣，悄悄走开，确认安全后，找到最近的公园门卫打电话报警。警察迅速赶到现场，抓住了这几个骗子。

经过审问得知，这几个人真是一伙的，有假装路过看热闹

的，有做戏的，有起哄当托儿的，他们已经骗了很多人了。今天，他们栽在了警惕性极高的元元手里。

防骗警示语

学生不要接触"赌"字，俗话说"十赌九骗"，赌是违法犯罪的行为。不要相信天上掉下来"馅饼"与金钱，更不要看见人家"押宝"赚钱来得容易就眼红，其实都是托儿的表演。要有分析问题的能力，要学会识别"好"与"坏"，不被小利所迷惑，不被外表所迷惑。

写一写，画一画

你增长智慧了吗？

请开动脑筋，图文结合，画出一幅生活中鲜活的防骗漫画。

后记

这本书的完成，得到了经验丰富的郑玉总经理与杨勇总经理的大力支持与推荐，得到了中国经济出版社编辑老师的大力帮助，特别得到了初审编辑与责任编辑陈瑞老师的具体指导，并得益于出版社负责校对的老师们的精细润笔。特此向以上各位编辑、老师表示衷心感谢。

为了加强学生的自我保护意识，掌握分析问题的基本技能，笔者从现实生活中选出了 36 个具有代表性的安全与防骗的案例，通过对案例的分析、判断与处理，使学生逐渐提高分析、判断与推理能力，提高逻辑思维能力，学会判断，学会正确处理突发状况的基本方法，更好地保护好自己。

本书在创作过程中，参阅了多版本的《三十六计》《三十六计新编》，特此向编者、译者表示感谢。

作者　李澍晔　刘燕华

2022 年 6 月 16 日于北京郊区老房子

读国学伴你智勇双全

青少年智谋防骗36计（下）

李澍晔 刘燕华 著

中国经济出版社
CHINA ECONOMIC PUBLISHING HOUSE

图书在版编目（CIP）数据

青少年智谋防骗36计：上、中、下 / 李澍晔，刘燕华著. -- 北京：中国经济出版社，2023.3

ISBN 978-7-5136-7212-2

Ⅰ. ①青… Ⅱ. ①李… ②刘… Ⅲ. ①诈骗－鉴别－中国－青少年读物 Ⅳ. ① D669.8-49

中国国家版本馆CIP数据核字（2023）第017792号

责任编辑　陈　瑞
责任印制　马小宾
封面设计　宸唐工作室
插图作者　邹丽丽

出版发行　中国经济出版社
印 刷 者　三河市天功达印刷有限公司
经 销 者　各地新华书店
开　　本　710mm × 1000mm　1/16
印　　张　23.75
字　　数　284千字
版　　次　2023年3月第1版
印　　次　2023年3月第1次
定　　价　150.00元
广告经营许可证　京西工商广字第8179号

中国经济出版社　网址 www.economyph.com　社址 北京市东城区安定门外大街58号　邮编 100011
本版图书如存在印装质量问题，请与本社销售中心联系调换（联系电话：010-57512564）

前言

《三十六计》是根据中国古代军事思想和丰富的斗争经验总结而成的兵书，是中华民族历史悠久的非物质文化遗产之一。《三十六计》又叫《三十六策》，成书于明清时期，是被人们誉为“益智之荟萃，谋略之大成”的奇书。①

近年来，针对少年儿童的诈骗案件时有发生，青少年上当受骗的原因主要有年龄小、思想单纯、防范意识薄弱、贪慕虚荣、遇事不够冷静、交友轻率等。我们希望借此书教会孩子自我保护，提高心理素质，以适应纷繁复杂、竞争激烈的社会环境，使涉世未深的少年儿童做到遇事不惊、

---

① 参阅了《三十六计新编》，战士出版社出版（1984 年 1 月更名为解放军出版社），1981 年 8 月第 1 版。

参阅了《孙子校释》，军事科学出版社出版，1991 年 6 月。

处事不乱，保持清醒的头脑，确保自己的人身和财产安全。

为了进一步传承和弘扬中华传统文化，增强少年儿童的防骗、防拐意识，笔者特将生活中的案例和《三十六计》中的谋略相融合，设计了防骗解析、学习目的、模拟情景剧、分析导引、判断结论、脑洞大开等智慧版块，运用《三十六计》里的逻辑推理、逆向思维等韬略，启发、引导少年儿童改变原有的思维模式，识破骗子的“坑”“蒙”“拐”“骗”“诈”等诡计，逐步学会并善于冷静思考，在细微处发现破绽，从而采取及时的行动和正确的处置方式，避免上当受骗。

笔者在行文中，并没有从军事角度解释《三十六计》中的每一计，而是将青少年防骗时可以利用的点引申，详细解说，以便孩子们练就防诈骗、反诈骗的自我保护心理，提高防范意识，在今后的学习和生活中擦亮眼睛，做到“害人之心不可有，防人之心不可无”。

所有的爸爸妈妈都希望自己的孩子能健康快乐、无忧无虑地成长，可当孩子遇到突发事件时，他们该怎么应对、

怎么处理？我们无法保证时刻陪伴在孩子身边，那就得培养他们自我保护的能力。阅读这套智慧的《青少年智谋防骗36计》图书就是一个很好的选择。

此书应在家长的指导下阅读，正确理解文中所建议的方法。千万不能断章取义，应认真把每个案例读完，才能找出最合适的应对方法。

李澍晔　刘燕华

于北京郊区老房子

2022年6月16日

写给家长与孩子们的话

——《三十六计》的那些事

当您翻开《三十六计》时，仿佛走进了斗智斗勇的战场，看似平静如水、万里无云，实则暗流涌动、风起云涌。现在全社会提倡“读书好、好读书、读好书”，在阅读中增长知识，提高自己的素质，因此，希望读者在读《三十六计》时，注意以下六个方面的问题，真正悟出《三十六计》的内涵与真谛。

第一，要知道它是一本什么内容的书。《三十六计》是一本专门讲军事谋略的兵书，拿起此书时，你仿佛走进了一幅宏大、惊心动魄的历史画卷之中。每计所含内容多属古代兵家诡异秘术，可以说它是集兵家之诡道、融谋略之精华的“海洋”，处处充满着“诡秘”二字。

第二，全书是如何划分的呢？全书分六套，即胜战计、敌战计、攻战计、混战计、并战计、败战计。每套计又各分为六计，共三十六计。每一计都有无数战争画面显现出来，只要你细心，就会看见躲在黑暗中的“眼睛”……

第三，《三十六计》有什么特点呢？其内容简单却透露着复杂，复杂中蕴含着简单。每一计基本上都用人们熟知的成语来命名，耳熟能详，朗朗上口，便于记忆，易于理解。

第四，仔细阅读《三十六计》原文，读者会慢慢发现三十六计与《易经》有着密切的关系，分析其中的任何一计，多数解释用语都是选用《易经》中的词语，而《易经》本是殷周时代一部占卜吉凶祸福的筮书。它以矛盾对立的阴阳两性组成八卦，即乾、坤、震、巽、坎、离、艮、兑八种类型，分别象征天、地、雷、风、水、火、山、泽八种构成宇宙的基本物质；以八卦相互重叠组合，即为六十四个别卦，并推出三百八十四爻。就是说读懂了《三十六计》，也就顺便学习了《易经》的部分知识。但是透过现象与形式，从《易经》中卦辞和爻辞对吉凶的推理解释，可以看出朴素的唯物论和辩证法的思想。在生死攸关的军事斗争中，《易经》对于战争这一社会现象已有初步的认识。据说我国古代著名的军事家、谋略家，如姜子牙、孙武、孙膑、李斯、张良、韩信、诸葛亮、曹操等，都是精通《易经》的大智者，并用于军事，运筹于帷幄之中，决胜于千里之外。

第五，《三十六计》是一部流传甚广的军事哲学奇书战策，里面蕴含着朴素的、奥妙无穷的军事辩证法。《三十六计》借用《易经》中的阴阳变理、数术计算，推演成兵法的刚柔、奇正、攻防、你我、虚实、主客、劳逸、内外等对立关系的互相转化，每一计都隐含着天地万物的变化规律，遵循天时、地利与人和的朴素道理，如果能去其糟粕、取其精华，领悟其中的奥秘，会使人如醍醐灌顶，智慧的种子就会在心中扎根、开花、结果。

第六，家长与同学们要辩证地学习《三十六计》，抛弃一些糟粕，吸收其精华。事实上，古人讲三十六计，并不是

说军事计谋只有三十六个，战争史上对军事计谋的运用千奇百怪，不胜枚举。

尊敬的家长与同学们，学习了《三十六计》，有了无数计谋之后，千万不能利用《三十六计》干坏事，要利用《三十六计》保护自己、保护亲人、保护同学。

目录

Contents

第二十五计

偷梁换柱 识破双簧

频更其阵，抽其劲旅，待其自败，而后乘之。曳其轮也。

防骗解析

故意制造情况和假象，运用各种手段不断地调动对手，并努力寻找对手的弱点，使自己由被动变主动，并乘机控制对手。

学习目的

会思考、懂得战略战术的学生，遇到离奇古怪的骗局，总是能恰到好处地使用此计，使自己顺利度过一个又一个的“险滩”。

这些学生懂得应在“梁”与“柱”的概念上下功夫，清楚“梁”与“柱”的内在关系，特别是对“换”字研究得非常透彻，知道什么时间该换、怎么换、换到什么程度，并让对方难以察觉。

相反，有些警惕性不高的学生，由于大意和受传统思想的影响，不会分析问题，不善于抓住对方的弱点，接连吃亏上当。

“偷梁换柱”的关键是“换”，换的方式要巧妙，不能暴露企图与用意。“换”的过程中不要急，更不能在时机尚不成熟时“换”，一要体现出“稳”，二要体现出“自然”。要预先进行周密的计划与安排，根据不同的人、不同的事、不同的环境与场合变化“换”的方式。

目前，社会上的一些骗子骗人时，花样百出，又总是故布迷雾，学生要睁大眼睛，看清骗子的本质，务必多加小心，准确识破骗子实施的“偷梁换柱”之计。

个体商店店主于某，一天因为有点儿急事，就叫来在家休息的儿子小强看店。他刚走没一会儿，一个年轻女子走过来，热情地对小强说：“小同学，如果看望朋友送什么好呀？”

小强仔细打量着年轻女子，热情地说：“看你送谁了。”女子把一个大的提包往地上一放，难为情地说：“是这样，我家亲戚生病住院了，我想去看望一下，你帮我参谋参谋。”

小强一听便热情地说：“这就要看你的经济实力了，普通的亲戚你买一些水果，重要的亲戚买一些补品之类的。”

年轻女子一听，装出很感谢的样子，认真地说：“小同学，你懂得还不少呀！不怕钱多，刚才你说的最好的洋参片是哪种？”

“这种品牌的最好。你打算要几盒？”小强飞快地说。

女子又吞吞吐吐地问：“小同学，这……一小箱里有……几盒？”

“六盒。”小强回答说。

“来一箱吧。”女子很认真地说。

“400 元一盒，六盒共计 2400 元。”说着，小强忙拿出一小箱洋参片交给了女子。

女子把小箱子放进包中，交了钱，正要走，又转过身说：

“小同学，听说现在假东西多，你这洋参片不会是假的吧？”

小强一听，拍着胸脯说：“我家的东西没有假货。”

女子一听，高兴地说：“那太好了，如果将来需要，我还来买。”说完，她提上包就要走。

突然，一个骑自行车的女子过来，着急地说：“张红，XX来电话了，老人去世了，不用买礼品了，赶紧走吧。”

女子一听，装出一副十分后悔的样子，转过身对小强说：“小同学，实在对不住了。家里出了这种事，不需要这个了，能不能把刚买的洋参片给退了？我们挣点钱也不容易呀！”

小强也很同情这个年轻女子，就同意了。于是，女子弯腰从提包里把一个小箱子拿出来给小强，又接过了小强递过来的钱，而后跳上后来女子的自行车走了。

过了一会儿，小强的爸爸于某回来了，一听这事，觉得不对劲儿。他忙把箱子打开检查，一看，顿时傻了，里面全是废纸。

综观这起骗术，虽然是经过了精心设计，但仔细分析还是能识破的。

同学们，假如当时你就是临时替爸爸看店的小强，对这件事是不是应该进行如下思考呢？

杂货铺
南京
南京
中华
中华
零售

分析导引

A 年轻女子竟不知道什么营养品好，这几乎是不可能的事；既然不可能，说明她在故意演戏。

B 年轻女子不知什么营养品好，却又指明要洋参片。这不太可能，既然不可能，说明她在说谎。

C 骑车女子早不来、晚不来，正好在年轻女子把礼品装进包中后才来，难道这不值得怀疑吗？

D 年轻女子既然买营养品准备送人，说明她知道病人的基本情况。那么为什么她刚刚买好营养品，就有人送信说病人去世了？前后矛盾，是不是可以判断两人事先有预谋呢？

判断结论

经过以上分析，可以得出一个初步结论：两个女子是演“双簧”的骗子，实施了“偷梁换柱”之计。

——选择的对策

第一，退货可以，但是要仔细检查一下她从包中拿出来的东西。

第二，退货可以，请她们先等一等，待爸爸回来再退也不迟，因为她们也没有什么急事。

第三，坚决不退。

第四，在退货之前，问一问她是哪里人、她的电话与地址等，最好看看她的身份证。

同学们，假如你就是当事人小强，上述四个对策，你会选择哪一个呢？

——优劣解读

假如你选择了第一个对策，有利的方面是：在假货伪装得不好时，经验不足的学生兴许能够看出来，这可以避免被骗。不利的方面是：如果假货伪装得好，你的经验又不足，仍然会上当受骗。

假如你选择了第二个对策，有利的方面是：待爸爸回来后，基本上能够识破骗术，经济上不会受到损失，还能将骗子抓住，消除隐患。

假如你选择了第三个对策，有利的方面是：经济上不会受到损失。不利的方面是：在没有诈骗事实的情况下，你这样做对顾客是不公平的，有损个体户的形象。

假如你选择了第四个对策，有利的方面是：她如果拿出身份证来，把她的情况了解清楚，一旦经济受到损失，也可以迅速查证。不利的方面是：如果身份证也是假的呢？

同学们，下面让我们一起选择第二种对策，再演示一下模拟情景剧。

用计锦囊

认真思考，准确识破《三十六计》里的“偷梁换柱”之计，确保不被调包，经济上不受损失，确保人身安全。

演示用计过程

小强可以这样做：明确告诉她要等爸爸回来才能退款。这时看她的表情，如果她是着急发火的样子，或是有溜走的迹象，就说明她心里有鬼，也许她真的就是骗子。如果她们坚持多等一会儿，爸爸到来后，一切就会水落石出。

防骗警示语

生活中“偷梁换柱”的事情太多了，应该时刻加以提防。一是如果东西是你的，当交给不可靠的人看管后，再拿回来时，一定要仔细查验，不要只顾面子，确实认定无诈后，方可接受。二是当别人给你东西或买东西时，无论何故，无论时间多短，只要东西离手，眼睛又看不见时，再次拿到手后，一定要当面再检验一下，切不可急躁离去。三是切不可把一些东西交给不可信的人去修理、检测、保养。

写一写，画一画

你增长智慧了吗？

请开动脑筋，图文结合，画出一幅生活中鲜活的防骗漫画。

第二十六计

指桑骂槐 识破毒鬼

大凌小者，警以诱之。刚中而应，行险而顺。

防骗解析

故意摆出一副气势汹汹的架势镇住弱小的对方，并威慑其他对方，使之心理上产生恐惧，最后不得不顺从。

学习目的

“指桑骂槐”的关键是“桑”，“指桑”的目的是解决“槐”的问题，让“槐”产生恐慌。

通常来说，“槐”是需要团结、利用的对象，但是由于客观原因，这个对象是不太可靠的，必须通过外部因素，给其心理上震慑，达到自保的目的。

对于“桑”的选择一定要慎重，是选择一个“桑”，还是根据实际的需要，选择多个“桑”，必要时私下甚至要预先做好“桑”的工作。

所指的“桑”的问题要有代表性，不仅是“槐”身上也存在的问题，而且是自己走出险境，必须面对的问题。

“骂”的轻重、深浅，“骂”到什么程度，用什么方式“骂”，在什么时间“骂”，在什么环境下“骂”，是一次“骂”完还是分数次来“骂”，是就一个问题“骂”还是把许多问题联系在一起来“骂”，要认真进行研究和分析，做到心中有数，真正“骂”到点上，起到震慑作用，否则会出现相反的效果。

熟读《三十六计》的学生常运用此计解决一些复杂问题，这一计谋蕴含着许多哲学道理，应该认真思考。

模拟情景剧

这天芸芸过生日，恰好学校刚考完试，芸芸想着正好可以好好玩一下，于是邀请了几个要好的同学到一家歌厅唱歌。由于最近学习比较紧张，同学们到了歌厅后，都尽情地唱着，开心极了。

中间休息时，芸芸她们擦完汗，喝着饮料聊天。这时，一个自称是歌厅老板的时髦女人靠近芸芸，小声地说："小妹妹，累吗？我这有几块糖，送你们吃。吃了糖，会精神百倍，玩得

更痛快。交个朋友，以后常来。”

芸芸刚要接“糖”，忽然想起了不久前禁毒日学校组织参观的一个毒品警示展览，展览中有一个事例就是陌生人给一个学生吃了“糖”后，学生染上了毒瘾，最后走上了犯罪的道路。

想到这里，芸芸迅速收回了手，进行了如下思考。

分析导引

A 政府规定，严禁未成年人进入歌厅，这家歌厅的老板违反规定让未成年人入内，说明老板图谋不轨。

B 女老板主动给学生“糖”吃，说明她可能带有不可告人的目的。

C 一块“糖”，就能让人精神百倍，说明“糖”有问题。

判断结论

综上分析，芸芸认为女老板可能在引诱学生吸毒，是在把学生往吸毒的深渊里推。

——选择的对策

第一，不接受女老板的“糖”，并尽快离开这家歌厅，回家休息。

第二，迅速离开歌厅，并打电话告诉爸爸妈妈，或向公安部门举报，请公安部门来处理。

第三，当面戳穿女老板是毒贩，让她到公安局自首。

同学们，假如你是芸芸同学，上述三个对策，你会选择哪一个呢?

——优劣解读

假如你选择了第一个对策方案，有利的方面是：自己不会受到毒品的侵害，不会上当受骗。不利的方面是：女老板的贩毒行为没有被揭穿，可能会去诱骗其他同学，给其他同学造成不幸。

假如你选择了第二个对策方案，自己不会上当受骗，远离了毒品，爸爸妈妈也知道了情况，同时还向公安部门提供了线索。警察行动后，隐患与威胁会彻底消失。

假如你选择了第三个对策方案，有利的方面是：女老板可能不承认，暂时收敛。不利的方面是：由于是在歌厅里，形势对女老板有利，因此她什么事情都能干出来，你们可能会遇到各种难以预测的危险。

同学们，让我们看看芸芸的行动吧。

用计锦囊

镇定自若，运用《三十六计》里的“指桑骂槐”之计，震慑女老板，保证自己不接受“糖”，迅速离开歌厅，确保人身安全。

演示用计过程

为了让女老板有所畏惧，芸芸扭头看着其他几个同学，大声地说：“同学们，咱们的校规是什么呀？难道你们忘记了吗？好好想一想，是不是绝对不吃别人给的东西呀？再说了，我爸妈一会儿开车接我们去公园玩，知道我吃了别人的东西，一定会打我、骂我，对不对呀？”

“对！对！对！”同学们纷纷应答着。

女老板一脸茫然，一时不知所措。

芸芸急忙扭回头，着急地说：“阿姨，谢谢了。我不累，妈妈说不让吃陌生人给的东西。我要是吃了别人的东西，爸爸妈妈肯定会骂我的。同学们，你们说，是不是呀？走了！结束了。我们去公园了。”

说完，她不等女老板回应，就带着同学们出门了。而后，芸芸把这件事告诉了爸爸。爸爸警惕性高，打电话报警。公安局根据这个线索，经过数日的侦查，终于一举摧毁了这个贩卖毒品的歌厅。

后来警察叔叔表扬了芸芸和同学们的机智并告诫他们歌厅人员复杂，以后不要再去了。

毒品是吸血鬼，学生要远离它。在任何时候都要提高警惕，不能贪图一时的刺激与好奇，误入歧途，不能随便接受陌生人的药片、糖果及其他食品，更不要去歌厅、舞厅等娱乐场所。社会是复杂的，涉世未深的学生遇事一定要多留个心眼儿，要善于分析与判断，要多问几个为什么，不该占的便宜不占，不该要的东西不要，不该拿的东西不拿。要记住，便宜不是白占的，迟早会付出代价。

写一写，画一画

你增长智慧了吗？

请开动脑筋，图文结合，画出一幅生活中鲜活的防骗漫画。

第二十七计

假痴不癫 便宜不占

宁伪作不知不为，不伪作假知妄为。静不露机，云雷屯也。

防骗解析

知道，但是故意装疯卖傻，迷惑对手，让对方轻视自己，暗中给其致命一击。

学习目的

兵法认为：成出于密，败出于露。凡举大事者，必秘之又秘。

熟读《三十六计》的学生一般都极具智慧，在实施此计之前，总是精心筹划，故意把甲说成乙，或把乙说成甲，让对手轻视或瞧不起自己，待对手疏忽大意时，伺机下手，以达到自己的目的。

同学们要明白，这一计谋的关键是“痴”与“癫”，“假”就是要假装，“痴”就是傻的意思，“假痴”就是要假装智力障碍者，不是真正的傻，但要装得像，要让对手相信。其主要目的是让对手放松警惕，消除防备之心。

“癫”就是思维上出现混乱，胡言乱语，“不癫”就是不能在思维上出现漏洞，要始终保持头脑清醒，抓住事物的主要矛盾，抓住对手的细微破绽，再伺机果断采取行动，确保自身安全。现在的骗子也经常使用此计骗人，同学们要擦亮眼睛，准确识破。

一天，制作假耳机的男子徐某穿上破旧的衣服来到一个学校门口转悠，寻找着目标。

不一会儿，学生们陆续来上学了。徐某向几个学生走过去，神秘地低声对他们说："小朋友，我是个捡破烂儿的。昨天我在公路上捡了一箱子东西，也不知道是什么，你们要是觉得有用，就给几个钱买走，否则我全都扔了。"

同学们一看，竟然是一些漂亮耳机，暗自好笑，心说："什么也不懂，漂亮耳机都不认得，耳机不比废铁值钱呀？今天算是捞着了。"

这些学生忙问："你打算多少钱卖给我们呀？"

徐某装出痴傻的样子，大大咧咧地说："只要能让我吃上几个馒头，喝上一瓶老白干酒，就成交。"

同学们一听，心中大喜，暗说这不是脑子有问题吗，太好对付了。于是，经过几次讨价还价，最终每人用 5 元钱，各自买了一个漂亮耳机。

由于急着上学，也没顾上试，等到放学回家，打开一看，耳机根本不能用，就是一个塑料小玩具。

贪小便宜，上当受骗，只好自认倒霉。

这起骗局并不复杂，骗子用破旧的衣服和痴傻的话，把那几个同学给迷惑住了，降低了他们的警惕性。

纵观这起骗局，虽然经过了精心设计，但仔细分析一下，

××小学
High

还是能识破的。

时间倒回，从头开始。同学们，假如当时你就是那几个同学中的一个，对这件事是不是应该进行如下思考呢？

分析导引

A 从公路上捡到东西，应上交有关部门才对，徐某私自占为己有，而且进行倒卖，是非法行为，足以说明他不是个好人，与这种人打交道，没有好的结果。

B 徐某自称不知道箱子里的是什么，却知道针对学生来卖，明显是矛盾。

C 徐某说只要给几个钱就行，可是还几次与学生讨价还价，说明他并不傻，只是装傻。

判断结论

以上分析说明这个自称是捡破烂的人不傻，可以得出一个初步结论：他是个阴险且早有预谋的骗子。

脑洞大开

——选择的对策

第一，不予理睬，继续去上学。

第二，明确指出捡到东西要交公，随便贩卖是违法的行为，要求他交公，不要再卖了。

第三，买东西之前应该打开仔细检查一下，或试用一下。

第四，留下几个人装作想买，实际上是拖住他，另外几个人假装去取钱，迅速报告就近的工商部门或是警察叔叔，让他们来查验一下耳机的真伪。

第五，不予理睬，进学校后把可疑情况报告给老师，让老师去处理。

同学们，假如你就是当事人，上述五个对策，你会选择哪一个呢？

用计对比

——优劣解读

假如你选择了第一个对策，有利的方面是：不会上当受骗，不会有任何损失。不利的方面是：无法戳穿骗子的诡计，他还会骗人。

假如你选择了第二个对策，有利的方面是：正面教育了骗子，使他认识到这是违法行为，自己经济上也不会受到损失。不利的方面是：骗子如果不听警告，换个地点，他还会骗人。

假如你选择了第三个对策，有利的方面是：检查后如果证实是真的耳机，经济上不会受到损失。不利的方面是：你同时也违法了，因为东西来路不明，你就是销赃者。

假如你选择了第四个对策，有利的方面是：经济上没有任何损失，骗子被看住，无法脱身，待工商部门的工作人员或警察叔叔到来后，会把骗子抓住，隐患会彻底消失。不利的方面是：上学会不会迟到呢？留下来的学生要防止骗子狗急跳墙，但由于是多对一，又是在光天化日之下，应该不会有太大危险。

假如你选择了第五个对策，有利的方面是：经济上不会有任何损失，老师了解情况后，会采取相应对策，避免其他同学上当。不利的方面是：如果采取措施不及时，骗子可能会溜走。

同学们，下面让我们一起行动，演示一下避免被骗的过程。

用计锦囊

保持镇定，识破《三十六计》里的“假痴不癫”之计，确保不被骗，确保人身安全。

演示用计过程

回到模拟情景剧中，可以这样做：几个人一起说太便宜了，可身上没有带钱，我们几个人去取钱。脱身后，迅速报告老师或附近的工商管理人员、警察叔叔，一切就会水落石出。

防骗警示语

生活中如再遇到上述类似的骗局，应如何识破呢？一是无论干什么，都要有打破砂锅问到底的精神和勇气，不要怕麻烦。二是别人就是说破天，也要尽力去伪存真，不能被假象所迷惑。三是不要有嫉妒别人好的毛病。切记：不要过早下结论。四是对手越是表现傻时，越是到了危险的时候，这时万不可轻率行事，与这些人打交道，有时要把他们的话反过来听，倒过来分析。请注意，逆向思维会得到令人吃惊的结果。

写一写，画一画

你增长智慧了吗？

请开动脑筋，图文结合，画出一幅生活中鲜活的防骗漫画。

第二十八计

上屋抽梯
知错就改

假之以便，唆之使前，断其援应，陷之死地。遇毒，位不当也。

防骗解析

故意给对手方便，或用优厚的条件使对手上钩，而后借机下手，切断对手退路，使之在无奈之下顺从。

学习目的

这是一种颇有内涵的计谋，运用成功，能带来意想不到的效果。

同学们，在与骗子博弈的过程中，运用“上屋抽梯”之计时，关键是如何使骗子“上屋”。使骗子“上屋”的策略和手段非常多，常用的有以“情”请骗子上屋、以“小恩小惠”请骗子上屋、以“眼前利益”请骗子上屋、以“心理战术”请骗子上屋等。

“抽梯”是很关键的，既不要抽得过快、过猛，也不能抽得优柔寡断、拖拖拉拉，给对方留下后路。

“抽梯”时要有理有据，要做得隐秘，在不知不觉中完成，并且让对手无话可说。

同学们遇到事情应该冷静，格外提防，慧眼识破骗子的丑恶嘴脸。骗子常使用此计骗人，同学们务必睁大眼睛，识破此计。

父母离婚后，学生许钢上学打不起精神，放学也不想回家，经常在街上乱转，吃了上顿没下顿。一天下午放学后，他饿得难受，正发愁吃些什么。突然，两个穿着入时的年轻男人来到他面前，笑着说："小朋友，交个朋友怎么样？我们有钱，想吃、想玩、想穿，干什么都可以。"

许钢一听有吃有穿，赶忙说："好，交个朋友。不过，我什么都没有，可怎么办呢？"

两个年轻人拉着许钢，边走边说："见外了，我们有钱，先花我们的。"

三个人来到一个饭馆，点了几个菜，大吃大喝起来。之后，又来到一幢居民楼下。两个年轻人似醉非醉地说："小朋友，我

们去干点事儿，够朋友的话，帮我们放哨怎样？”

许钢喝了酒之后，借着酒劲儿说：“没问题，反正我也没有家了。”

听许钢说完，两个年轻男人交换了一下眼神，飞快地溜进了一间黑着灯的房子。大约 10 分钟后他们拎着几个皮箱出来。其中的一个人往许钢手中塞了 200 元钱，说是分给他的，并约好第二天见面的地点和时间。

许钢拿着钱回到家，越想越不对劲儿。第二天，三个人见面后，许钢说不想干了。没想到两个年轻男人恶狠狠地说：“不干了？告诉你，你是我们团伙的一员，你要是不干了，我们就去告发你，昨天你放风来着。”

许钢被吓住了，只好跟着干下去，最后走上了犯罪的道路，进了劳动教养所，后悔莫及。

这个骗局很容易识破，骗术不高明，过程也不复杂，只是许钢太幼稚了。

同学们，假如你是许钢同学的话，对这件事是不是应该进行如下思考呢？

分析导引

A　一般人不会平白无故给别人钱或东西，两个年轻男人跟许钢套近乎给他钱，说明他们是有目的的。

B 交朋友需了解朋友的底细，弄清楚是好人还是坏人，万不能随意结交。在不了解两个年轻男人底细的情况下跟他们交朋友，不会有好结果。

C 俗话说：“吃人家的嘴短，拿人家的手短。”在小恩小惠的诱惑下上当受骗，让别人抓住把柄，任人家摆布。

D 干了坏事只要马上悔改，并向老师或有关部门承认错误，还是好孩子；可是许钢被他们一吓唬就害怕了，说明他意志力不坚定。

判断结论

以上分析说明两个年轻男人是有意拖学生“下水”，他们是盗贼，在教唆学生犯罪。

脑洞大开

——选择的对策

第一，不去吃饭，更不能跟两个年轻的男人走。

第二，当已经发现两个年轻男人要偷东西时，不给他们放风，迅速脱身去派出所报警，或是打 110 电话。

第三，认识到自己犯了错误，应该及时反省，当机立断，到派出所自首。

第四，第二天不去赴约，从此再也不和这两个年轻男人接触。

同学们，假如你就是许钢的话，上述四个对策，你会选择哪一个呢？

用计对比

——优劣解读

假如你选择了第一个对策，有利的方面是：不会被拖下水。不利的方面是：无法识破两个年轻男人的诡计，他们会选择其他人。

假如你选择了第二个对策，你虽然到了犯罪的边缘，但是及时醒悟，不再继续错下去，又及时报了案，说明你还是个好学生。

假如你选择了第三个对策，有利的方面是：你虽然当了一次帮凶，但及时悔改，积极戴罪立功，还是一个好学生。不利的方面是：由于你第一次大意，上了“梯”，没有识破骗局，无意中犯法了。

假如你选择了第四个对策，有利的方面是：有悔改表现，自动终止了犯罪。不利的方面是：对你的身心健康没有什么好处，你会终日惶惶不安，怕两个年轻男人再来找你，因为盗窃犯和教唆犯是不会轻易放过你的，而且他们对社会、对其他警惕性不高的学生来说还有危害。

同学们，下面让我们一起选择第二个对策，演示一下安全脱身的过程。

用计锦囊

保持理智，识破《三十六计》里的“上屋抽梯”之计，而后巧妙运用此计，确保不被拉下水，保证人身安全。

演示用计过程

当发现两个年轻男人有盗窃迹象后，假说帮着放风，取得骗子信任后，迅速脱身，确保安全后报告警察叔叔或打110报警。

警察接到报案后，会立刻出击，把两个盗窃者堵在房间里。人赃俱获，骗子的阴谋就失败了。

防骗警示语

生活中，类似形式的骗局还有许多，应如何分析、判断与处置呢？一是遇事要仔细考虑，如何去迈第一步，还能不能退回来；如需要代价，则一定要慎重。二是当对方给你一些小便宜后，你要想一想他的目的是什么；特别是在对方又诱你去干第二件、第三件事时，更要想想退路是否会被对方堵死。三是对一些拿不准的事，一定要找家长或老师问一问，或向有关部门反映一下，让他们把一下关，这样干起事来会更踏实一些。四是当你在一个特殊的环境、场所时，无论干什么事都要小心，发现任何主动跟你搭讪的人都要提高警惕。

写一写，画一画

你增长智慧了吗？

请开动脑筋，图文结合，画出一幅生活中鲜活的防骗漫画。

第二十九计 树上开花 打破砂锅

借局布势，力小势大。鸿渐于陆，其羽可用为仪也。

防骗解析

本来不是那么回事，却制造假象，装成是那么回事，故意夸大其词，使对手出现错误判断，而后伺机下手。

学习目的

一些读过《三十六计》、有智谋的学生，遇到骗局，能够利用“树上开花”之计，让“花”开得绚丽多彩，让骗子眼花缭乱，最终实现保平安的目的。

实践证明，要想使“树上开花”之计得以顺利隐蔽进行，必须先要在“树”上下功夫。要使“树”长得粗壮有力，必须巧妙“开花”。“花”开得不能过大、过多、过于鲜艳、过频，时机也要把握好，让骗子看到“花”后，产生向往、满意、踏实的心理。

目前，骗子都诡计多端，花样繁多，同学们要提高警惕。平时要与父母一起多看法制宣传节目，多听老师讲安全故事，认真解读“三十六计”，推理、演示骗子的行骗过程，积累防骗经验，千万不能被骗子的花言巧语蒙蔽了双眼。

模拟情景剧

学生红红和梅梅是重感情的人，眼看要过年了，她们准备送老师和同学一些贺年卡。

下午，两个人一起来到自由市场，在一个卖贺年卡的摊前挑选着。各式各样的贺年卡实在太漂亮了，她们的眼都看花了。

一个摊主说：“我的贺年卡价格比其他摊便宜，质量又好，是从国外进口的。每张 10 元，买 50 张以上，打五折。”

红红和梅梅一听，国外进口的，价格又便宜，就决定拼单买 50 张。每张 10 元，打五折后是 250 元。

50 张贺年卡是封好的，她们想打开看一看。摊主发誓说：“不用看，打开以后弄脏了就麻烦了。我是这儿的老摊主，假不了。再说我是工商局评选的信得过的个体户，如果回家以后贺年卡有问题，我包换认罚，这些贺卡与样品一模一样。”

她们一听这个摊主是工商局评选的信得过个体户，有问题又给换，就没有坚持打开查看。但是当她们高高兴兴地回到家，打开包装后，就愣住了，这是什么贺年卡呀？除去上下两张，余下的全是白纸。她们气得赶忙跑到批发市场找摊主，可摊主早没影了，四下一问才知道，这个摊主是个无照经营户，常常是打一枪换一个地方。到了这会儿，红红和梅梅方知上当受骗。

这个骗局，破绽很多，红红和梅梅为什么识破不了呢？说实话，还是因为社会经验少，没有识破骗子用的“树上开花”之计。

自由市场
礼盒
五折
信得过个体户

假如你是红红或梅梅，对这件事是不是应该进行如下思考呢？

分析导引

A 个体户经营时应主动出示营业执照，这个摊主没有出示营业执照，说明他不可靠。

B 这个摊主说贺年卡是从国外进口的，但一没有进货发票，二没有相关单位的检验证明，所以不可信。

C 这个摊主说他的贺年卡比其他人的便宜，而其他人的价是多少呢？红红和梅梅并不知道，所以她俩应该去比较一下。

D 这个摊主说他是工商局评的信得过个体户，但一没有证书，二没有其他人证明，因此他的话不可信。

E 买任何东西时拆开查看，商家通常不会反对，可是这个摊主却极力反对，说明贺年卡可能有问题。

判断结论

以上分析说明这个摊主在蒙人，可以得出一个初步结论：他是无照经营的黑商贩。

——选择的对策

第一，到了自由市场先不要急于购买，应该先做一下市场调查，这样就可以把情况搞清楚。

第二，在买之前请摊主出示营业执照，查验一下他的经营手续，做到心中有数。

第三，一定要坚持当面打开，当面查验商品质量，发现问题及时向工商部门的工作人员反映。

同学们，假如你就是当事人的话，上述三个对策，你会选择哪一个呢?

——优劣解读

假如你选择了第一个对策，有利的方面是：掌握了市场行情，不会被摊主的花言巧语所蒙骗，经济上自然就不会受到损失。不利的方面是：无法识破坑人的诡计，摊主会继续坑害别人。

假如你选择了第二个对策，有利的方面是：如果摊主拿不出来营业执照，说明他是非法经营，你就会有所戒备，上当的可能性就小了。如果他拿出来了，那么你就可以记住执照号码，为日后投诉打下基础。不利的方面是：万一执照是假的，你可能还会上当。

假如你选择了第三个对策，有利的方面是：当时就能把商品的真假搞个水落石出，骗子的阴谋就会被戳穿，并受到工商部门的处罚。不利的方面是：摊主可能会报复你。

用计锦囊

保持理智，识破《三十六计》里的“树上开花”之计，坚持查看，确保不被诈骗，确保人身、财产安全。

演示用计过程

回到模拟情景剧中——红红和梅梅看了看摊主，说道：“我们还是想看看，如果不打开看我们就不买了。”

摊主一听这话，立刻变了脸色，生气地说：“看什么？有什么好看的？不卖了。”

红红和梅梅一听，觉得不对劲儿，不再说什么，走开了，来到市场管理办公室说明情况。市场管理人员迅速找到摊主，检查货物，一旦发现都是假冒的，会立刻对其进行处罚。

防骗警示语

生活中，经常去买东西，遇到别人说某件商品非常好的时候，要冷静观察，不要轻信，更不要人云亦云。要养成一查到底的习惯，不要图省事。如果遇到可疑人员，要学会保护自己，务必保证人身、财产安全。

写一写，画一画

你增长智慧了吗？

请开动脑筋，图文结合，画出一幅生活中鲜活的防骗漫画。

第三十计

反客为主　不动声色

乘隙插足，扼其主机，渐之进也。

防骗解析

主动出击，直中要害。等待时机，或想尽办法，创造机会，使自己由被动变为主动，达到控制对手的目的。

也可解释为，客人反过来成为主人。指违反了通常的主客关系。

学习目的

聪明、有智慧的学生在遇到骗局时，为了人身安全，故意把自己摆到“客位”，以“卧薪尝胆”的精神，采取“反客为主”的策略，摆脱被动的局面，而后实施反击计划，达到全身而退的目的。

模拟情景剧

李勇是位爱动脑筋的学生，喜欢读《三十六计》和《孙子兵法》，他自己订了好几种青少年阅读报纸和杂志，喜欢看的栏目是《大侦探欢迎您》《脑筋急转弯》《呼唤侦探叔叔》等。因此他平日里与同学讨论问题，总是能运用逻辑推理，说话有理有据，同学们都爱与他讨论问题。

周末下午，李勇来到距离家门口不远的一座山上玩，在山顶的一块大石头后面，他发现了一片松动的土，看上去好像被人挖过，细心的他立刻警觉起来，马上进行了如下思考。

A 在这座山上出现松动的土，违反常规，肯定是人挖的。山上不允许挖土，而现在被人挖了，挖土的人到底想做什么？

B 如果是一般人需要土，会在山下挖，可是这个地方靠近山顶，说明挖土的人别有居心。

通过简单的推理分析，他心中已经有了数，认为这下面可能有赃物，挖土的人可能是坏人。为了证实自己的判断，李勇迅速找来一根木棍，在松动的地方往下挖，果然在 30 厘米处发现了一大捆崭新的高压电缆线。

李勇立刻意识到事情的严重性，马上对这件事进行了更深刻的思考。

A 在野外的山上不应该有高压电缆线，现在高压电缆线出现在山上，说明高压电缆线来路不明，值得怀疑。

B 崭新的电缆线应该放在库房中，或是用在高压输电线路上，现在却被埋在土里，说明：第一，可能是盗窃者从库房中偷出来的；第二，可能是盗窃者从高压输电线路上割下来的；第三，可能是工人叔叔干活时遗弃在这里的，但这种可能性不大。

C 电视上经常播放小偷盗窃高压电缆线卖钱的案例，这是不是一起盗窃案呢？

判断结论

经过以上分析，他得出了一个结论：电缆线来历可疑，可能是盗窃者临时隐藏的赃物。

——选择的对策

第一，不理睬此事，继续玩。

第二，保护好现场，不声张，迅速报案。

第三，把电缆线挖出来，自己设法弄下山，交给警察叔叔。

第四，立刻回家，告诉爸爸妈妈，让家长处理此事。

第五，当时就大声高喊："谁偷的电缆线？抓盗贼！"

同学们，假如你是李勇同学的话，上述五个对策，你会选择哪一个呢？

——优劣解读

假如你选择了第一个对策，有利的方面是：当时自己的安全有保证。不利的方面是：盗贼不会有任何损失，赃物换成钱后，盗贼还会继续作案。

假如你选择了第二个对策，当时自己的安全有保证，警察叔叔会立即赶到现场，并设法抓住盗贼，为社会除去隐患，挽回一定的财产损失。

假如你选择了第三个对策，有利的方面是：赃物掌握在你手中，即使你离开现场后，盗贼回来了，他也不能得到赃物，派出所民警发现证据后，会迅速出击，赶到现场处置。不利的方面是：由于电缆线比较重，你的体力消耗会较大，盗贼如果恰巧赶回来，可能会采用凶残的手段对付你，而你的体力根本不能与之对抗，后果不堪设想，加上你带着电缆线行动速度慢，会拖延报案时间，不利于警察叔叔及时抓住坏人。

假如你选择了第四个对策，有利的方面是：当时自己的安全有保证，爸爸妈妈了解到这个情况后，会迅速报案，请警察处理此事。不利的方面是：时间相对较长，并且由于不是你自己报案，有些情况可能说不清楚，盗贼可能会逃跑，隐患还是消除不了。

假如你选择了第五个对策，不利的方面是：暴露了目标，自己的安全没法保证，而且会延误报案时间，盗贼脱身的可能性大，潜在的危害仍然消除不了。

同学们，下面我们看看李勇同学选择的方案和处置方法。

用计锦囊

保持理智，运用《三十六计》里的“反客为主”之计，在保证人身安全的前提下，立刻秘密报警。

演示用计过程

李勇迅速地观察了一下四周，发现没有任何动静和人，于是仔细地查看了现场，而后立即装作无事的样子下山。

确定安全后，为了争取时间，他就近使用一个公用电话，拨通了110报警电话，简明扼要地说明了赃物的隐藏地点和发现时间。

过了几分钟，警察赶到了现场，很快在周围布置了一个“口袋”。

没过多久，几个青年男人就钻进了“口袋”，落入了法网。经过审问得知，这几个青年人是盗窃高压电缆线的老手，已经给国家造成了很大损失，没有想到这次栽在一位小学生的手中。

同学们知道李勇的事迹后，主动向他学习，积极订阅有意义的少儿课外读物，主动阅读《三十六计》《孙子兵法》，提高防骗能力，学会了分析问题，充分认识到保护好自己的生命安全和公共财产安全的重要性。

防骗警示语

学生在野外发现来路不明的事物后，应该高度警惕，千万不要自己随意去拿或移动，以防止破坏现场，或是发生意外（赃物有爆炸的可能，或者是带有病菌）。应该迅速远离，并记住赃物所在的位置，及时报告有关部门，或者告诉爸爸妈妈，请他们与公安机关联系。千万不要在赃物附近长时间活动，以防止盗贼出现，对你下毒手。

写一写，画一画

你增长智慧了吗？

请开动脑筋，图文结合，画出一幅生活中鲜活的防骗漫画。

第三十一计

美人计 不被妖迷

兵强者，攻其将；将智者，伐其情。将弱兵颓，其势自萎。利用御寇，顺相保也。

防骗解析

当对手强大，不好对付时，应从思想上、意志上去攻击他，用“美色”去腐蚀对手，使对手丧失斗志和警惕性，而后趁机攻取。按现在的说法，就是使用“糖衣炮弹”，攻击对手。

学习目的

学生使用“美人计”与骗子斗法时，并不是字面意义上的以“色相”去腐蚀、麻痹对手，而是利用此计广义上的方式与方法。

实践证明，遇到骗局时，善用此计的学生，一般会以“情”与“小利”为饵，让骗子产生同情心、获利心，而后求得平安。

“美人计”在兵法中属于“败战计”，一般不被正统的军事家看好，但它有着其他计谋不可代替的作用，此计在实施中虽然有一定的难度，可一旦成功，其效果难以估量。

此外，学生务必睁大眼睛，见微知著，不要中了别人的“美人计”，避免上当，不被蒙骗。

模拟情景剧

某小学六年级学生张建军，爱买《西游记》《封神演义》《变形金刚》等的图片。一次，在学校附近的一个地摊上买完图片后，摊主主动送给他几张淫秽图片。各种裸露姿态的图片，一下子把涉世未深的张建军吸引住了。

××小学

从此，他晚上、课后偷着看，每天不看就难受。为了能够得到更精彩的淫秽图片，他把压岁钱都拿出来了，有时还向家长撒谎说学校让买复习资料需要钱。

一次，摊主不怀好意地说："小朋友，只要你把同学们都拉来买我的图片和小玩意儿，以后我就白送一些图片给你看。"

打这以后，张建军就把不健康的淫秽图片送给其他同学看。不久，其他同学也上了瘾，天天找张建军要图片。

张建军说："你们要是想看，必须到×××那里去买图片和一些小玩意儿。"

这些上了瘾的学生为了看到更多的刺激性的图片，只好拿钱去摊主那里买，不仅花了许多钱，而且受毒害太深，学习成绩下降，最后还发展成了流氓团伙，导致了共同犯罪的严重后果。这几个学生都被强制送到了工读学校，那个摊主也因为销售不健康的图片受到了公安部门的严厉处罚，并被追究刑事责任。

上述骗局并没有什么复杂的情节，只是由于学生们的思想幼稚，不善于分辨事情的好坏。

假如，当时他们进行如下分析、推理与判断，就会发现并戳穿这个骗局。

分析导引

A 制造、出售淫秽图片是国家严令禁止的，是严重违法犯罪行为。这个摊主的行为，是在犯罪。

B 文明经营者在学生买东西时，不应该引诱学生们看不健康的图片，说明摊主不是一个文明的商贩，是个可怕的教唆犯。

C 学生应该以学习为主，看不健康的图片不仅浪费钱，还影响学习，根本不会有好结果。摊主是成年人，应该知道这个后果，他引诱学生看，进一步证明他是个教唆犯，可能犯了传播淫秽物品罪。

判断结论

经过以上分析，得出结论：摊主是教唆犯，是在引诱学生犯罪，可能犯了传播淫秽物品罪。

脑洞大开

——选择的对策

第一，坚决不收那些淫秽图片。

第二，坚决不收那些淫秽图片，并将情况及时报告给学校，请学校出面与有关部门联系，处理此事。

第三，坚决不收那些淫秽图片，并立即当众戳穿摊主的阴谋，并要求他去自首。

第四，暂时收集那些淫秽图片，但是不看（主要是掌握证据），主动告诉爸爸妈妈，并马上报告附近的城管、工商管理部门或派出所，请他们及时处理。

同学们，假如你是当时上当受骗的那几个同学中的一个，上述四个对策，你会选择哪一个呢？

——优劣解读

假如你选择了第一个对策，有利的方面是：自己的思想不会受到淫秽图片的影响。不利的方面是："黄"源还存在，教唆犯不能得到应有的处罚，可能会对其他警惕性不高的学生构成危害，隐患极大。

假如你选择了第二个对策，自己的思想不会受到影响，学校知道此事后会马上采取措施，避免其他同学上当。

假如你选择了第三个对策，有利的方面是：自己不会在思想上受到影响，并当众制止了教唆犯，戳穿了他的阴谋。不利的方面是：摊主会找个理由马上跑掉，或是对你进行攻击，你可能会受到伤害，隐患还是消除不了。

假如你选择了第四个对策，有利的方面是：爸爸妈妈知道了此事，会保护你，自己不但人身安全有保障，而且掌握了摊主的犯罪证据，警察叔叔接到报案后，会迅速赶到现场处理，摊主无法抵赖，脱身的可能性也不大。摊主被抓后，潜在的危险就会彻底消失，“黄”源也堵住了。不利的方面是：你接受了黄色淫秽图片，很危险。

同学们，我们假设张建军同学选择了第二个对策，并采取了以下处置方法。

用计锦囊

识破《三十六计》里的“美人计”，不接受、不触摸、不购买，及早报告家长、老师或警察，保证人身安全。

回到模拟情景剧中——张建军笑脸相迎，说：“叔叔，我喜欢这些图片，今天没有带钱，我暂时不要了，谢谢了。过几天我让同学们来买你的东西。”说完，他迅速转身离开，并悄悄把情况告诉家长、老师，在老师与家长的指导下，立刻拨打110报警，让警察把他抓住了。

防骗警示语

生活中，经常会遇到这样的骗子，应如何分析、识破呢？怎样进行判断与处置呢？

一是无论多么漂亮、妖艳的女人，主动也好，被动也好，让你说什么、干什么，都应极力克制自己，保持正常的心态。

二是当你被一个人或者是淫秽的物品吸引时，记住，这时的人最容易失去理智，你千万要小心。

三是对一些眼神猥琐、动作下流、言语轻佻的人，一定要远离。如离不开，非要与之打交道，应保持一定距离，多留几条退路，不能被这种人牵着走。

四是只要条件允许，应主动告诉家长、老师或向公安部门报告情况，以彻底消除隐患。

五是请记住：非亲非故的女人或男人，主动讨好你，送你一些不健康的东西，这种人必定有所图谋。

写一写，画一画

你增长智慧了吗？

请开动脑筋，图文结合，画出一幅生活中鲜活的防骗漫画。

第三十二计

空城计
刨根问底

虚者虚之，疑中生疑；刚柔之际，奇而复奇。

防骗解析

虚虚实实，真真假假，把假的演真，使对手做出错误判断和决策，从而在思维和行动上出现失误。

学习目的

使用“空城计”并不是真的让你去作假，而是在有充分心理准备、物质基础的前提下，敢于抓住瞬间出现的对自己有利的机会。

一些眼光敏锐、有胆有识的学生，把此计研究得十分透彻，在遇到骗局、身处险境时，总能够抓住机会，使自己转危为安。

学生平时要注意训练自己的心理素质，养成遇事沉稳、行事谨慎、思维严谨、果断、坚决的性格，遇到突发情况时，保持镇静，做到喜怒不形于色。

生活中，可能会遇到空手套白狼的骗子，需要睁大眼睛，缜密推理、分析与判断，尽快识破。

模拟情景剧

学生张明，一天在“小报”上看到了一条广告:《学生智力开发指南》，由我国著名教育家×××、×××、×××和著名高级教师×××、×××、×××编著，读完后学生马上变聪明，头脑反应快，成为神童，学习成绩名列前茅，将来

中国邮政
邮政
××报

肯定能考上大学。每套60元，款到立即发货，如果无效，无偿退款。销售火爆，急需者请速将款汇至×××，以防错过良机。

张明看后非常高兴，马上拿出自己的压岁钱，按广告上的地址把款汇了过去。一天，两天，三天……半个月过去了，也未见到有“学习指南”邮寄来。经过查询知道，汇款早已寄到，并且已被取走，这时他知道自己上当受骗了。张明马上和对方所在地的公安部门联系，讲述自己的被骗经过，并把广告上的地址和账号也报告给公安部门。当地公安部门迅速出击，很快就把这个骗子抓住了。但是骗子已经把骗来的数百名学生的钱挥霍一空，无法追回了。

这个骗局有很多漏洞，可是张明为什么没有识破呢？主要是他轻信广告，太大意了。

假如你是张明同学的话，是不是应该进行如下思考呢？

分析导引

A “小报”上的广告可信度不大，相信“小报”上的广告，可能会上当受骗。

B 广告上说此指南是由著名教育家和高级教师编著的，可是怎么与这些教育家和高级教师联系呢？广告上没有他们的联系方式，说明所谓的著名教育家和高级教师是他们编造出来的。

C 读书会使人变聪明，但不会让人马上变聪明，更不会马上变成神童，所以广告夸大其词，是骗人的。

D 广告上说销售火爆，并没有第二个人或有关单位证明，说明广告可能在骗人。

判断结论

经过以上分析，可以得出结论：广告是虚假的，是在诱骗学生们的钱财。

脑洞大开

——选择的对策

第一，不信这种虚假广告。

第二，认为这个广告好，决定购买，但是先去有关部门调查一下广告的可信程度，得到有关部门的认可时再寄钱。

第三，拿不准，可以问问老师或家长，老师或家长同意后，再决定是否邮购。

第四，根本就不相信广告，及时把自己的推理和判断告诉公安、工商部门或是新闻媒体等，请他们追查或将骗子曝光，引起大家的警觉，以防骗子给社会造成更大危害。

同学们，上述四个对策，你会选择哪一个呢？

用计对比

——优劣解读

假如你选择了第一个对策，有利的方面是：自己不会上当受骗。不利的方面是：骗子依然存在，没有受到处罚，可能还会对社会造成危害，隐患极大。

假如你选择了第二个对策，有利的方面是：自己不会上当受骗，同时有关部门了解到这个情况后会引起重视，制止事态发展。不利的方面是：由于没有充足的证据，加上时间和空间的客观因素，执法部门不好追查，骗子的阴谋也就不会马上被戳穿。

假如你选择了第三个对策，有利的方面是：自己不会上当受骗，老师还会告诫同学们不要相信，骗子的阴谋在你们学校没有得逞。不利的方面是：在其他学校和学生当中，骗子可能仍然有市场。

假如你选择了第四个对策，识破了骗子的圈套，自己不会上当受骗，而且推断出了骗子的客观存在，警察、工商和新闻媒体的叔叔阿姨接到报案后会迅速进行追查，骗子很快就会落网，潜在的危险会彻底消失。

用计锦囊

识破《三十六计》里的“空城计”，坚决不上当受骗，确保人身安全。

演示用计过程

回到模拟情景剧中，张明可以这样做：根本就不相信这类的广告，及时告诉爸爸、妈妈、老师，也可以把推理和判断结论告诉公安、工商部门或是新闻媒体，请他们来追查广告的真实性，及时曝光骗子，引起大家的警觉，以防骗子给社会造成更大危害。

防骗警示语

现实生活中，类似这样的骗子还有可能遇到，如何识破与避免上当受骗呢？一是加强心理训练，要充满自信心，不能轻易相信无根据的言论。二是请记住，越是自己认为是真的东西、情况、事情，越有可能是假的，这时你的思维已经钻进了“牛角尖”里。三是不要急于行动，不管对方多急，一定要在水落石出后再行动。四是遇到突发情况，要学会用逆向思维，把自己当成对方，反复对比，再作决定。

写一写，画一画

你增长智慧了吗？

请开动脑筋，图文结合，画出一幅生活中鲜活的防骗漫画。

第三十三计

反间计　不让插足

疑中之疑。比之自内，不自失也。

防骗解析

用各种手段收买对方打入己方内部的人，或是使用迷惑手段，使打入己方的间谍向其“主子”报告有利于己方的假情报，使对方的阴谋破产，并自食其果。

学习目的

通俗地讲，就是使对方间谍表面上为对方说话、办事，实质上却为己方说话、办事，从而战胜对方。

一些读过《三十六计》的学生，知道身边有骗子的同党时，会不动声色，暗中观察，故意给“间谍”留下破绽，将计就计，采取隐蔽措施，以“暗”的方式反击，变坏事为好事，不但严惩了骗子，还为自己的安全创造了条件。“反间计”成功的关键是“反”字，“反”有多种方法。

同学们，遇到骗局，一定要团结一致，互相信任、互相帮助，千万不要让骗子钻了空子。因为，骗子也非常狡猾、隐秘。

模拟情景剧

政府和学校规定不让学生进游戏厅后，原来常去玩的学生都不再去了。眼看生意一天比一天惨淡，某游戏厅老板苦思冥想，想出一个坏主意。

他对两个学生“头头”说：“你们两个可以随便玩，不用交钱，但每人玩一次要带两个同学来。”

游戏厅
今日优惠

两个学生"头头"受了老板的"恩惠"后，主动到同学中劝说大家一起去那个游戏厅玩，反复说现在的游戏如何如何好玩，那个老板的游戏卡如何好。不随他们去玩，就会被他们打骂。

几个同学在从众和畏惧心理的支配下，很快拿着钱进了游戏厅，老板乐得嘴都合不上了。

由于这几个学生经常光顾游戏厅，学习成绩直线下降，最后引起了老师的关注。老师发现原因后，迅速向有关部门举报了这家游戏厅，相关部门立即采取行动，这个游戏厅的老板受到了法律制裁。

黑心老板受到了法律制裁，罪有应得，但是学生们的学习成绩下降，却一时无法弥补，教训相当深刻。

其实，这个骗局之所以成功，并不是骗子手段高明，而是学生们贪玩、不团结、没有社会经验造成的。

假如学生们当时进行如下思考，就可以及时识破那个黑心老板的险恶用心。

分析导引

A 政府和学校三令五申，不许学生进入游戏厅，这个老板主动邀请学生进入游戏厅，说明他在违法。

B 好学生不会劝其他同学去游戏厅，这两个学生“头头”引诱同学们去玩，并打骂同学，说明他俩不是好学生，与这种学生交往没有好结果。

C 游戏厅有许多，可是这两个学生“头头”只说这家好，说明他俩肯定得到了好处。

D 两个学生“头头”把同学们带入游戏厅后，老板乐不可支，说明这个老板是个心术不正的人。

判断结论

经过以上分析，得出结论：老板是赚黑钱的可恶之人，他摧残学生的身心健康。

脑洞大开

——选择的对策

第一，坚决不听信两个学生“头头”的话，不进游戏厅。

第二，找借口不进游戏厅，并暗中将情况报告给学校和老师，请学校处理此事。另外，也要及时告诉家长，保护好自己的安全。

第三，坚决不进游戏厅，并立即指出老板是在犯法，并要求他立即改正。

第四，进入游戏厅后谎称未带钱，马上退出来，掌握证据后，迅速报告给工商或是公安部门，请他们来处理。

同学们，假如你是被那两个学生“头头”劝说去游戏厅的其中一个同学的话，上述四个对策，你会选择哪一个呢？

——优劣解读

假如你选择了第一个对策，有利的方面是：自己的学习不会受到干扰。不利的方面是：黑心老板可能会诱骗其他同学进入游戏厅，自己还可能会受到两个学生“头头”的打骂。

假如你选择了第二个对策，自己的学习不会受到影响，学校知道此事后会马上采取措施，教育其他同学小心上当。学校发现事态严重时，会及时报警。家长知道情况后，也会主动保护你。

假如你选择了第三个对策，有利的方面是：自己的学习不会受到影响，立即戳穿老板的阴谋，让老板的丑恶嘴脸暴露无遗，他可能暂时会收敛一些。不利的方面是：老板可能对你进行人身攻击，你可能会受到伤害。或者老板表面接受批评，背地里却继续引诱其他学生，隐患继续存在。

假如你选择了第四个对策，有利的方面是：自己的学习不会受到影响，人身安全也有保证，而且掌握了老板的犯罪证据，警察叔叔或工商局的叔叔接到报案后会迅速赶到现场对老板进行严肃处理，老板无法抵赖，潜在的危险会彻底消失。不利的方面是：进入了不该进入的地方，犯了错误。

同学们，下面假设那几个同学选择了第二个对策，并采取了以下处置方法。

用计锦囊

识破《三十六计》里的“反间计”，不被学生“头头”忽悠，不玩游戏机，不影响学习，告诉家长，确保人身安全。

聪明的学生为了不引起两个学生“头头”的怀疑，表面答应以后去，而后迅速报告老师，请老师出面，让工商部门或警察叔叔处理，迅速捣毁这个不法游戏厅。

防骗警示语

生活中如何利用反间计避免上当受骗呢？

一是请记住：堡垒最容易从内部攻破，在你身边的人或是经朋友介绍的人，说什么好、什么东西得赶紧买、什么东西好玩时，你要谨慎。

二是要用多渠道的信息来验证一件事情的真与假，不能听风就是雨。

三是政府、老师、学校、家长不允许干的事情，坚决不去干，要做遵纪守法的好学生。

写一写，画一画

你增长智慧了吗？

请开动脑筋，图文结合，画出一幅生活中鲜活的防骗漫画。

第三十四计

苦肉计　巧识迷雾

人不自害，受害必真；假真真假，间以得行。童蒙之吉，顺以巽也。

防骗解析

故意或假装自己受到伤害，让对手产生同情心，或让对手产生信任之心，待对手丧失警惕后，顺势采取行动，从容过关。

学习目的

有时，遇到特殊的骗局，为了达到保护人身、财产安全的目的，不惜自己“伤害”自己，精心演一出令人“揪心”的戏，并不出现任何破绽，令对手产生同情与怜悯之心，将对手感化，这才是老谋深算的人。

想要成功实施“苦肉计”，第一个关键点是要掌握“苦”的发生地点、时间、场合与程度。第二个关键点是要针对不同的人，采取不同的方法。因为从心理学角度来说，有心软的人，有心硬的人，有感情脆弱的人，有感情丰富的人，有性格内向的人，有性格外向的人，有生性多疑的人，有富有同情心的人，有天生冷淡的人……因此要认真研究对手的具体情况，做到知己知彼。

大家都看过《三国演义》吧？对黄盖演的“苦肉计”是不是印象深刻。

现实生活中，狡猾的骗子为了达到骗人的目的，不惜“伤害”自己的身体或是“损害”财物，干出一些令人难以置信的事。因此，善良的学生务必要提高警惕，认识“苦肉计”，千万不要让自己的善良被骗子利用。

模拟情景剧

夏天，某学校门口一群学生放学后正在向外走，突然来了一个骑自行车的小伙子，车架上放着一个很大的冷饮箱子，小伙子三拐两转摇晃起来，“啪”的一声，摔倒在一棵小树旁。小伙子大声喊：“我的箱子坏了，我的箱子……”

热心的学生围上来一看，见箱子底部摔坏了，雪糕都摔出来了，七嘴八舌地说太可惜了。

小伙子边哭边把箱子搬下来哀求着说：“好心的同学，这刚刚进的货是保不住了，箱子摔坏，不保温了，雪糕马上要化了。这一下全完了，你们都是少先队员，都是有爱心的人，能不能买一点呀？我一辈子也不会忘了你们，我家就指望着卖雪糕生活呢……”

同学们见小伙子确实遭了难，挺可怜，就动了同情之心，纷纷买了他的雪糕。不一会儿，一箱子雪糕就卖光了，小伙子千恩万谢地走了。

但是不久，几个学生开始肚子痛、头昏、呕吐，全身难受，家长马上把他们送到医院。医生仔细检查后发现是食物中毒。经过化验，雪糕是劣质原料制成的，细菌超标。

过了不久，小伙子又故技重演，被学生们识破，报告了工商部门。工商部门经过调查，弄清了原委。其实，小伙子是故

意摔倒弄坏冷饮箱子的。雪糕就是他自己用自来水加糖精和色素制成的。

这个骗局虽然特别，但也存在许多漏洞，只要仔细思考，肯定可以识破。下面，假设我们是当时的学生，一起来分析一下这个案例。

分析导引

A 路况良好，一般骑车人是不会摔倒的，小伙子平白三拐两转后摔倒，说明他可能是故意的。

B 早不摔倒，晚不摔倒，恰巧在学生放学时摔倒，这说明小伙子早有预谋。

C 小伙子说箱子摔坏了，可是箱子好好的，说明他在 说谎。

D 数十根雪糕，其实也值不了几个钱，小伙子根本用不着千恩万谢说好话，显示出他的虚伪。

判断结论

经过以上分析，得出初步结论：小伙子是心术不正的人。

脑洞大开

——选择的对策

第一，不听信小伙子的花言巧语，根本不去购买雪糕。

第二，告诉小伙子，学校附近不允许学生买零食，请他立即把雪糕送回家，或是到其他地方卖，否则就让附近的执勤人员把他的雪糕没收。

第三，了解一下雪糕的来历，问小伙子在哪个地方进的货，如果不远，请他立刻送回批发点，让批发点暂时保管也不会造成浪费。

第四，问其有无经营执照和卫生许可证，如果没有就设法报告给警察或工商部门。

同学们，假如你是那些同学中的一位，上述四个对策，你会选择哪一个呢？

用计对比

——优劣解读

假如你选择了第一个对策，有利的方面是：自己在经济上不会受到损失，身体健康也不会受到损害。不利的方面是：其他警惕性不高的学生，一旦同情心被小伙子利用，身体就会受到伤害。

假如你选择了第二个对策，有利的方面是：把小伙子吓跑，附近的学生不会上当受骗。不利的方面是：小伙子这次阴谋没有得逞，潜在危险依然存在，兴许他会更加狡猾。

假如你选择了第三个对策，有利的方面是：你不会受到任何损伤，向小伙子提出建议是助人为乐的表现。不利的方面是：小伙子的骗术在此地行不通后，可能到其他地方行骗，隐患消除不了。

假如你选择了第四个对策，自己不会受到任何损害，身体健康有保证，而且发现了小伙子无照经营，工商部门的叔叔接到报案后会迅速赶到现场，对小伙子进行严肃处理，并捣毁制造劣质雪糕的窝点，潜在隐患会彻底消失。

遇到情况要多动脑筋，不要盲目同情，要学会分析问题，以防被骗子利用。

我们假设同学们选择了第四个对策，并采取了以下处置方法。

用计锦囊

识破《三十六计》里的“苦肉计”，查清小伙子的底细，在不影响身体健康和学习的前提下，帮助真正需要帮助的人，同时也不会被骗子利用。

演示用计过程

聪明的学生为了查清小伙子的经营是否合法，直接问：“你有没有健康许可证和营业执照？有的话，我们就买，否则就不买。”

被学生这么一问，小伙子肯定会谎称没带或是丢了。这样就可以初步判断他是否可信，是不是不法商贩。此时，应该在确保安全的前提下，迅速去最近的工商部门或是找警察叔叔说明情况。工商人员会迅速查清并捣毁这个假雪糕的制造窝点，以防给其他人造成不幸。

生活中，类似骗子还会有，如何识破呢？

一是当发现有人意外受伤并且借机贩卖东西时，千万要小心，不能急着购买。

二是有人遇到意外借机向你出售东西时，应认真分析，待弄清情况后再购买。

三是要学会用对比分析法，不要轻易下结论。

四是记住，助人为乐也要多留个心眼儿，以防被坏人利用。

写一写，画一画

你增长智慧了吗？

请开动脑筋，图文结合，画出一幅生活中鲜活的防骗漫画。

第三十五计

连环计

心细如发

将多兵众，不可以敌，使其自累，以杀其势。在师中吉，承天宠也。

防骗解析

连续使用计谋，连续制造各种情况，逐步给对手造成强烈印象，最后使对手深信不疑，直至抓住对自己有利的机会。此计虽属败战计的一种，不被大家看好，但实施起来却能够收到很好的效果。

学习目的

学生遇到骗局时，务必保持清醒，严密推理，在实施“连环计”反击骗子的过程中，应该把握住两点：

一是“连续”问题，二是“逻辑”问题。

通常情况下，串联在一起的几个计谋非常关键，前一个计谋要为下一个计谋做准备，下一个计谋要为再下一个计谋做准备，所有的计谋都要以确保人身安全为中心。如果前后计谋没有关系，没有相互配合，也就无法实施“连环计”了。

“逻辑”问题在“连环计”里非常重要，串联在一起的计谋，必须遵循规则，不能前后矛盾，不能没有递进性，否则就会自乱阵脚。

要保证成功实施“连环计”，就必须进行周密准备和科学分析，根据不同的事、不同的人、不同的环境，进行设计与安排，所有涉及的人，一定要预先进行协商，特别是对于有争议的事，要认真研究，达成共识。

“连环计”往往不是一个人就能完成的，涉及的人比较多，学生使用此计时要注意研究好协作问题。

另外，现在骗子也经常使用此计骗人，学生要睁大眼睛，准确识破。

模拟情景剧

六年级学生马强是中队长，平时总做好事。一天他骑着一辆崭新的山地自行车在外面玩，骑累了后坐在路边休息，突然看见一个中年妇女抱着一个小孩急匆匆地走来。女子见到马强，着急地说：“小朋友，火车站在哪里呀？我急着赶火车，忘记带身份证了，急死了。”

马强一听也着急了，说：“前面 500 米，向右一拐弯就到火车站。身份证忘带了，怎么这么粗心呀！”

“谢谢，谢谢了。”女子急匆匆地继续向前走。大约过了 5 分钟，一个中年男子急匆匆地走到马强面前，着急地说：“小朋友，刚才看见一个抱小孩的妇女了吗？她是我媳妇，赶火车忘带身份证了，还有 15 分钟就开车了，这可咋办呢？”

马强一听，赶忙说：“看见了，刚刚过去。你快追吧。”

男子面露难色地说：“只有 15 分钟了，走路的话，恐怕追不上。小朋友，能不能把你的车子借我用一下，我把身份证拿给媳妇，马上回来还你。”

马强一听，毫不犹豫地把车子借给了他。

男子骑上车子，飞快地远去了。马强坐在原地等着，可左

火车站
票
5分钟

等右等，一个多小时过去了，仍不见那个男子的影子，方知自己上当受骗了。

这个骗人的方式很隐蔽，不太好发现，但只要仔细思考还是能发现破绽。下面我们代替马强做如下思考。

分析导引

A 赶火车竟然把身份证忘了，应该打电话，在原地等家人送来而不是急匆匆往火车站赶，因为没身份证进不了站。因此中年妇女的话不太可信。

B 以现在的交通状况，一个女子抱着孩子走很远的路的可能性不大，中年男子为什么不送送媳妇呢？因此，男子的出现有违常理。他们可能是在演“双簧”，正在实施“连环计”。

C 火车是几点开马强并不知道，可是男子说只有 15 分钟了，此话不真实。因为乘火车总要提前十几分钟进站，男子赶到车站，肯定不让进站了，就是把身份证送去了也没有用。

判断结论

因此，可以初步断定两个人是一伙的，这可能是预先设计好的“连环计”骗局。下面，我们一起商讨对策。

——选择的对策

脑洞大开

第一，告诉中年男子打出租车去更快，不借给中年男子自己的自行车，并迅速离开。

第二，热情地说把身份证交给自己，自己骑车去送给他媳妇。

第三，请中年男子出示有效证件，如果他拿不出来，说明他是骗子，此时应该迅速向警察报告。

上述三个对策，你会选择哪一个呢？下面让我们看看三个对策的结果对比。

——优劣解读

用计对比

假如你选择了第一个对策，有利的方面是：自己不会上当受骗。不利的方面是：骗子依然存在，他会去骗其他警惕性不高的人。

假如你选择了第二个对策，有利的方面是：当即就可以让骗子的阴谋暴露，把骗子吓跑或是使其借故走开，自己不会上当受骗。不利的方面是：中年男子与他“媳妇”这次的阴谋没有得逞，潜在危险依然存在，他们以后行骗会更加狡猾和隐蔽。

假如你选择了第三个对策，不会受到任何伤害，而且发现了中年男子身份可疑，巡警叔叔接到报案后会迅速赶到现场，及时抓住这两个骗子，隐患会彻底消失。

同学们，在做好事时，要善于从细小的地方进行分析，不要莽撞行事，以防被骗子利用。

在当时的特殊环境下，假设马强同学选择了第三个对策，并采取了以下处置方法。

用计锦囊

识破《三十六计》里的“连环计”，认真分析，进一步验证自己的判断，保证自己不被骗，确保人身安全。

马强同学关切地说："可以借给你，但是你能不能给我看看你的身份证和你媳妇的身份证？"中年男子吞吞吐吐，不肯拿出来，并找借口要走开，马强判断他可能是骗子。待他走开后立刻去找附近的巡警叔叔，巡警在附近找到了两人并迅速查清了这两个人的身份。

防骗警示语

生活中类似骗人的事例还有很多，如何识破并避免上当受骗呢？一是当你连续碰到几个不相识的人对你说的、做的都与某一件事有关时，无论是多么好的事，请千万要当心，这时你可能碰上"连环套"了。二是一件事情，当第二个人从另一个角度提起时，你应该注意这个人的一举一动，因为这个人可能是你上当的"催化剂"。三是请记住一句话：好事一般不会成双，生活中没有那么多的好事、便宜事和巧事。四是该看的热闹要看，不该看的坚决不看，尽量不去围观与自己无关的事。五是碰到拿不准的事，要多想一想，多问一问老师和家长或向有关部门报告。

写一写，画一画

你增长智慧了吗？

请开动脑筋，图文结合，画出一幅生活中鲜活的防骗漫画。

第三十六计

走为上 把握主动

全师避敌。左次无咎，未失常也。

防骗解析

在不利的形势下，随机应变，巧妙离开危险境地，保证万无一失。

学习目的

学生在遇到危险时，“走为上”是比较明智的一种方法。“走为上”包含着许多通俗的辩证唯物主义思想，需要认真研究。

一些骗子不择手段，也会使用此计，骗人后，能跑则跑，能转移就转移，同学们应该多加小心。

现实生活中，这样的骗局有很多，这里列举出一些，就不做专门分析了。

常见的骗人现象

A 星期日，学生壮壮踢球时把自行车放在球场边，把装有手机的外套放在车架上。一个与他一起踢球但不相识的男孩借口去买雪糕，骑上壮壮的自行车就走了，再也没有回来。

B 一个女学生在买东西时，一个老太太主动提出给其看包，等女学生买完东西回来，再找老太太，老太太和自己的包早没影了。

C 社区篮球场里，学生明明打球出了一身汗，脱下装有钱包的外衣放在椅子上。一个大男孩也装作打篮球、脱衣服，假装在椅子上休息、喝水……明明休息时，发现自己衣服里的钱包不见了，大男孩也不见了。

D 某列火车停在一个小站，车窗外有卖烧鸡的，一学生在车上拿出 100 元买烧鸡，那人把一只烧鸡递给学生后，迟迟不找学生钱。眼看着列车开走，学生一点儿办法也没有。

E 学生李某要坐火车出门，到火车站后，一个女子说借手机打个电话，一转身女子拿着手机就没影了……

F 几个学生来到某海滩，上了一辆三轮车，下车时旅行包还未来得及拿下来，司机却一踩油门，三轮车跑远了。

G 一个学生外出旅游，为了学习方便，爸爸把自己的笔记本电脑暂时给了他。这个学生在旅游景点游玩时，突然遇到一个热心的“志愿者”姐姐，交谈中两个人成了“朋友”。大姐姐提出借笔记本电脑玩游戏，一会儿的工夫，大姐姐与笔记本电脑就不见踪影了。

X X 站
鸡 20元一只

H 学生小兰经过一个商场门口时，遇到一个“热心”的女子。女子拿出手机，说：“扫码积分，送饮料。”小兰用手机扫码，领了饮料，回到家发现微信里的钱少了100元，急忙去找女子。可商场门口，哪里还有那个女子的踪迹。

上述列举的事例，只是“走为上”骗术中的九牛一毛，涉世未深的学生要加强学习，提高谋略水平，避免上当受骗。

另外，一旦遇到纠缠，应想方设法，尽快脱身。

一是尽量多了解《三十六计》中“走为上”计的特点，发现蛛丝马迹，时刻提高警惕，不要轻易把东西交给不相识的人保管或使用。

二是当别人用你的东西或借你的东西时，一定不要让那个人走开，应该先把东西控制在自己手中。

三是如果别人一定要把你的东西拿走，你一定要留下那个人的一些抵押品或证件。

写一写，画一画

你增长智慧了吗？

请开动脑筋，图文结合，画出一幅生活中鲜活的防骗漫画。

后记

这本书的完成，得到了经验丰富的郑玉总经理与杨勇总经理的大力支持与推荐，得到了中国经济出版社编辑老师的大力帮助，特别得到了初审编辑与责任编辑陈瑞老师的具体指导，并得益于出版社负责校对的老师们的精细润笔。特此向以上各位编辑、老师表示衷心感谢。

为了加强学生的自我保护意识，掌握分析问题的基本技能，笔者从现实生活中选出了 36 个具有代表性的安全与防骗的案例，通过对案例的分析、判断与处理，使学生逐渐提高分析、判断与推理能力，提高逻辑思维能力，学会判断，学会正确处理突发状况的基本方法，更好地保护好自己。

本书在创作过程中，参阅了多版本的《三十六计》《三十六计新编》，特此向编者、译者表示感谢。

作者　李澍晔　刘燕华

2022 年 6 月 16 日于北京郊区老房子